中國法院博物館

CHINA COURT MUSEUM

总第1集

2018·01

中国法院博物馆 编

人民法院出版社

目录

CONTENT

馆藏精品

学术探讨

专题研究

展厅故事

档案寻真

专题展览

地方司法文化

域外司法

Table of Contents

Monographic Study

Stories in the Halls

Original Archives

Themed Exhibitions

Local Judicial Culture

Extraterritorial Judicial Practices

铭记历史　开创未来
让中国司法更加贴近群众走向世界
——在中国法院博物馆新馆开馆仪式上的讲话

最高人民法院院长　周　强

（2016 年 1 月 6 日）

2016 年新年伊始，中国法院博物馆新馆正式开馆。这是一个值得纪念的时刻。建设中国法院博物馆新馆，是最高人民法院全面贯彻落实党的十八大和十八届三中、四中、五中全会和中央政法工作会议精神，大力加强法院文化建设，弘扬社会主义法治精神的一项重要举措，也是我国司法事业发展中值得纪念和庆贺的一件大事。借此机会，我代表最高人民法院，向出席今天活动的各位来宾表示诚挚的欢迎，对中国法院博物馆新馆建成开馆表示热烈的祝贺！向为博物馆建设付出辛勤汗水、作出贡献的所有工作人员、合作方表示衷心感谢！

中华司法文明源远流长。几千年来，虽然律法几经更替，审判机构名称各有不同，但是司法官员决狱断刑、匡扶正义的职责始终如一，涌现出许多彪炳史册的先贤名案，形成了影响深远的法律思想。新中国成立后，在中国共产党领导下，人民司法工作掀开崭新篇章。特别是党的十八大以来，党中央高度重视法治建设和司法工作，人民法院紧紧围绕习近平总书记提出的“努力让人民群众在每一个司法案件中感受到公平正义”的目标，牢牢坚持司法为民、公正司法，忠实履行宪法法律赋予的职责，各项工作不断取得新进展。

为全面展示中华司法文化发展进步历程，2014 年 6 月，最高人民法院正式决定建设中国法院博物馆新馆。从前期筹建到文物征集、布展设计、场馆建设，再到全面建成，历时一年半。建设博物馆是一项复杂艰巨的系统工程，中国法院博物馆新馆能够高效建成，得益于中央有关部门、全国人大代表、全国政协委员和社会各界的关心支持，得益于北京市委、市政府的鼎力相助，得益于国家文物局、故宫博物院、北京市文物局、北京市博物馆学会的大力支持和指导，得益于全国各级法院的有力配合和许多离退休老同志、社会各界的慷慨捐助。在此，我代表最高人民法院，向关心支持中国法院博物馆新馆建设的有关单位和社会各界表示衷心的感谢！中国法院博物馆新馆的建设也得到了各国最高司法机关的支持，韩国大法院长梁承泰、日本最高裁判所长官寺田逸郎、澳大利亚首席大法官弗伦奇、加拿大首席大法官麦克拉克林、巴西联邦最高法院院长勒万多斯基、俄罗斯联邦最高法院院长列别杰夫等先后发来贺电，丹麦、匈牙利、缅甸最高法院及希腊最高行政法院寄来布展所需材料，充分体现了对中国法院工作和法治建设的高度关注！

博物馆是连接历史与现实、中国与外国的文化纽带，是人类终身学习的生动课堂，是提升社会群体文明素质的重要载体。中国法院博物馆新馆是集展览、宣传、教育、研究等多种功能于一体的专业性博物馆，对于传承中华司法文化，展示法治发展成果，大力弘扬社会主义核心价值观和法治精神，加强司法审判和法治宣传，全面推进依法治国，具有十分重要的意义。我们要以今天新馆开馆为起点，铭记历史，开创未来，努力建设具有国际影响力的中国法院博物馆。

一、成为传播法治文明、宣传司法审判的法治文化基地

党的十八大以来，习近平总书记反复强调，文化是民族生存和发展的重要力量，没有中华文化繁荣兴盛，就没有中华民族伟大复兴。中国法院博物馆新馆的建成开馆，是最高人民法院贯彻落实习近平总书记关于繁荣社会主义文化重要讲话的具体措施。要按照“国内一流、世界领先”的标准，把中国法院博物馆办成具有文化内涵、时代特征和国际影响力的博物馆，通过深入挖掘重要史实、重要案件、重大典型的文化内涵，传承一代又一代审判人员公正司法的宝贵精神，传播公平正义的法治文化，使中国法院博物馆成为广大法官和社会公众的一个精神家园。要加强法治宣传，以翔实的史料和丰富的实物为载体，全面展示人民法院的审判执行工作，大力弘扬社会主义核心价值观，促进社会主义精神文明建设健康发展。

二、成为传承历史文化、弘扬法治精神的爱国主义教育基地和法制宣传教育基地

历史是人类进步的基石，是文明辉煌的印记。中国法院博物馆秉持“铭记历史，开创未来”的宗旨，深度发掘中华法系浩浩长河中的璀璨成果，从殷商甲骨到秦汉竹简，从唐律疏议到洗冤集录，充分展示前辈先贤的司法智慧，给我们以启迪和借鉴。在今后运营管理中，要切实做好文物征集和保护工作，充分利用展馆资源，以群众需求为导向，把中国法院博物馆建设成为立足首都、面向国内外的爱国主义教育基地和法制宣传教育基地，让司法更加贴近群众，更好地服务群众，大力弘扬民族传统和法治精神。要大力加强信息化建设，充分运用现代科技手段，创新形式设计，增强展览的趣味性、互动性、生动性，不断提高展览对广大观众特别是青少年的吸引力，切实发挥教育引导功能。

三、成为相互学习、相互借鉴的交流研究基地

当今世界，经济全球化、文化多样化、社会信息化深入发展，全球治理体系正在发生深刻变革。随着我国综合国力不断提升，国际贸易和交往更加频繁，国际司法交流和协助愈来愈多。中国法院博物馆要坚持世界眼光和全球视野，在立足介绍中华司法文化的同时，亦体现全球司法文明成果。要不断加强司法交流，通过举办讲座、论坛、沙龙、展览等活动，向世界展示我国法治建设成就，讲好中国法治故事，传播中国法治声音，促进世界不同法系、各国不同法治、大陆与港澳台司法交流。要利用馆藏资源加强学术研究，大力开展审判史及历史档案的研究开发工作，为人民司法事业科学发展提供有益参考和借鉴。

同志们，中国法院博物馆是人民法院铭记历史、启迪未来、传承文化的重要平台。今天新馆开馆仅仅是一个开端，我们要走的路还很长，要不断丰富馆藏资源，提升信息化水平，持续不断提高吸引力，还要开展与各国最高法院在博物馆领域的合作，我们还有很多梦想要实现。幸赖你们和全国法院的支持，这些在不久的将来都会变为现实！希望全国各级法院要以中国法院博物馆新馆开馆为契机，大力加强法院文化建设，弘扬社会主义核心价值观，传播法治正能量，为人民法院改革发展提供强大精神动力，为全面依法治国、建设社会主义法治国家作出新的更大贡献！

馆藏精品

Prominent Collections

中國法院博物館
CHINA COURT MUSEUM

倗匜

倗匜

——镌刻着中国第一份成文判决的“青铜法典”

在中国法院博物馆的“古代审判”展厅，陈列着一件西周时期的青铜器——倗匜（音 yingyi）。倗匜造型为四兽蹄足。整件器物给人以狞厉威严之貌。器物主体部分呈长椭圆形，前有流后有鋬，带盖。盖面呈琵琶形，前端突出呈虎头状，虎首覆于流口云上，似猛虎前瞻，与倗匜身口沿下的窃曲纹、凸弦纹相辉映，给器身造型注入了活力与生机。

倗匜内刻有铭文157字，铸于器盖和腹底内壁，底盖铭文相连续。其中器盖六行，90字；器腹七行，64字。铭文记载的是迄今所见最早、最完整的诉讼判决书，具有很高的史料价值，对于研究西周法律制度有极为重要的意义。

出土故事

倗匜的出土过程颇有戏剧性。

1975年2月2日早晨，陕西岐山县董家村10多名群众在村西的土沟里给生产队拉土。大约9时，大伙儿都准备回家吃早饭，这时，队长董宏哲的叔叔董天有叫他过去，说在刚才挖土时，他的铁锹好像碰在了石头上，董宏哲拿起镢头，照着董天有指的方向往下挖去，只听“哐”一声，镢头碰到了硬东西。拨开土一看，黄黄的，不是石头，董天有喊了出来：“这是宝！”闻听此言，正准备回家的村民都跑了过来，嚷嚷着：“快挖！”董宏哲拦住不让大家动手，立即赶往临村作业的考古队报告了这一情况。

从董家村挖掘出的37件青铜器中，其中30件铸有铭文，字数有2000多字，具有极高的历史价值。其中倗匜尤其珍贵，其铭文完整记叙了一篇距今2800年前的判决，是我国目前发现最早、最完整的诉讼判决书。

铭文内容翻译

对于倗匜铭文，除原发掘简报作了释文和简注之外，我国著名金文学家唐兰、李学勤也分别做了注释，这些释文、注解和译文虽小有差别，但主要方面的见解是一致的。本文主要介绍我国著名金文学家唐兰于1976年发表在《文物》杂志上的《陕西省岐山县董家村新出西周重要铜器铭辞的译文和注释》中的翻译：

三月既死魄甲申，王在方邑的上宫，伯扬父定下了判词，说：“牧牛！你被谴责为诬告。你敢和你的师打官司，你上面违背了先前的誓言。现在你已经有了办理的誓，到啬去见𠑇，给这五个奴隶，也已经办理你的誓言了，你也已经听从讼词，听从誓约了。最初的责罚，我本应鞭打你一千下，给你𪑐𪓊之刑（墨刑的一种，在颧骨处用刀割破并填上墨，另外还用黑巾蒙在头上）；现在我赦了你，还应该鞭你一千下，给你黜𪓊之刑（除了𪓊刑外，只是罢免，不蒙黑巾了）；现在更大赦你，鞭五百下，罚铜三百锊（合汉时的秤两千两）。”伯扬父就又叫牧牛立誓说：“从今以后，我大小事不敢扰乱你。”伯扬父说：“你的师再把你告上来，就要给你鞭一千下，给你𪑐𪓊之刑。”牧牛立了誓。于是把这告知官吏邦和曶参加了会。牧牛的案子和誓约都定下了，罚了铜。𠑇用来做宗派的盉。

简略地说，判案依据为当时的刑典，内容包括罪名认定和处理结果，表明了西周存在着成文的法律和系统的刑罚，突出显示了奴隶制国家的特征和本质。

犯罪事实		1. 控告上司𠑇；　2. 违约
罪名		1. 诬告罪；　2. 违约罪
认罪表现		1. 能赴啬地见𠑇求和；　2. 给𠑇归还五个奴隶；　3. 从辞从誓，服罪服法
科刑	原判	鞭打一千，处𪑐𪓊［墨刑最高等刑罚，奴隶制五刑之一，先黥面，再蒙黑巾。］刑罚
	第一次减刑	鞭打一千，处黜𪓊［墨刑次等刑，只黥面，罢官，不蒙黑巾。］刑罚
	第二次减刑	鞭五百，罚三百锊铜

𠑇匜记载的案件详情表

铭文背后的法律制度

对于倗匜铭文及其代表的那段遥远的历史，许多法制史专家作了大量深入而细致的工作，并提出了独到的见解。

署名为“来因”的作者在1981年发表于《法学杂志》上的《我国法律史上的一篇重要文献——西周青铜器“倗匜”铭文》一文中提到，从判词全文来看，共有两次宽赦，共动用了四种刑罚，除鞭刑和罚金（罚铜）之外，另有黩黳和黜黳两种刑罚，这两种刑罚都是墨刑中的黳刑，即用力割破颧骨处，并在创口填上黑色。这篇铭文反映了当时对断狱、量刑、赦宥等各方面的情况。判词似乎有一定的格式，诉讼也是按一定程序进行的。最后在有关官吏参加的形式下结案，并有结案文书。这一案件诉讼的全过程十分清楚。

原清华大学法学院教授张铭新1982年发表于《武汉大学学报（社会科学版）》上的《〈秦律〉中的经济制裁》中提到，倗匜给我们提供了一个奴隶制社会施用罚金的实例。奴隶主用意固然在于增加奴隶制国家的财富，也包含了一定的防止错杀滥刑的因素，但更重要的是用以作为宽宥剥削阶级成员犯罪行为的一个法律依据，也是在根本利益一致的基础上调整统治集团内部矛盾的一种手段。

原西北政法大学教授胡留元、西北政法大学教授冯卓慧认为，《倗匜》判例反映的法律制度主要有：

第一，西周在诉讼活动中十分重视盟誓。《倗匜》判例中，牧牛接连盟誓三次，这在所有金文判例中还属首见。

第二，司法文书，已成章规。《周礼·司盟》：“司盟，掌盟载之法。”郑注：“载，盟辞也，盟者书其辞于策”。牧牛不仅三次盟誓，而且由司法机关将其誓言写成辞誓，与《周礼》记载正相吻合。

第三，量刑科比，颇有程式。《倗匜》判例说明，西周断狱，在量刑上，不仅有减制，也有加刑规定。刑之加减，是司法制度完善化的表现。

第四，墨刑在殷商基础上有所发展，出现刑等，趋于严酷。

第五，国家设专职掌管刑狱。铭文中的伯扬父应是周奴隶主国家中专理刑狱的官员。对牧牛的判决是在上宫当周王的面进行。这说明诉讼双方当事人是有身份的奴隶主，还说明案件的主管官员伯扬父的职位较高。伯扬父应是《周礼》记载的司寇。

第六，原被告双方到场。倗匜铭文中，被告人牧牛为一方，其他的见证人为另一方，而倗是原告人，所以是两方。为了全面听取意见，防止诬告，以达慎刑之目的。

第七，判决书已有一定格式，内容也较全面，这说明西周肯定存在着成文法。

中国社科院法学所研究员刘海年通过分析倗匜铭文，对于牧牛这一案件的判决经过，认为西周实施刑法的目的是为了维护奴隶主阶级的等级特权统治。倗匜铭文记述的案件的被告人牧牛是官职名。牧牛犯的是什么罪呢？从伯扬父宣布的判决辞最后认定的罪名看，是违背誓言，“敢以乃师讼”，意思就是说因为他竟敢同自己的上司争讼。

同自己的长官争讼，之所以被视为犯罪并予以刑罚惩治，是与西周奴隶制国家实行奴隶主贵族等级特权统治分不开的。为了使这样的等级制度得以建立和维持，西周统治者制定了礼与法。任何下对上、贱对贵的反抗行为，都被视为对整个统治秩序的破坏，对整个奴隶主阶级的叛逆。所以，即使像牧牛这样的奴隶主阶级的成员，仅仅是因为与其上司争讼，也严惩不贷。

刘海年认为，“誓”作为中国古代法律的一种形式，在西周和春秋的司法实践中具有重要作用。在倗匜的一百五十七字的铭文中，“誓”的地位是很突出的。“誓”字共反复出现七次。从文义看，誓字第一次出现是伯扬父在判决中指责牧牛违背自己的誓言，说明这是对牧牛定罪量刑的重要原因；第二、三、四次是伯扬父告诉牧牛，只有自己当众再立信誓，恪守誓言，并使其长官和其他见证人信任，才能再去任职；第六、第七次是说牧牛按照伯扬父的指示重新立了誓，按规定缴了罚金，受到了从宽处理。

为什么如此强调誓，誓在诉讼中具有什么性质和作用？《说文》：“誓，约束也。”《礼记·曲礼》：“约信曰誓。”显然，誓具有约束和规范的作用。不过由于誓的种类不同，适用的范围、约束力的大小也不一样。其中由国家发布或国家认可的那一部分是法的一种形式。

关于誓的性质与作用，《周礼》的记载与倗匜铭文的记载许多地方是契合的，都是以国家强制力为其后盾。

157字的判词中，涵盖了如此丰富的法律内涵。正是因为倗匜对于研究西周时期的法律政策和刑罚制度具有如此重要的学术价值，因此被誉为“青铜法典”。

中国法院博物馆“古代审判”展厅全景

五祀卫鼎：
记录一桩西周土地诉讼的青铜档案

在中国法院博物馆的“古代审判”展厅，陈列着一件西周中期的青铜器复制件——五祀卫鼎，鼎内铭文记录了一桩当时贵族之间土地补偿案件，详细记载了田土交易、争讼的过程，反映了西周时期土地私有制的萌芽，在法制史研究中具有较高的历史价值。

“五祀卫鼎”名称由来

五祀卫鼎，亦称“五年卫鼎”，1975 年 2 月出土于陕西省宝鸡市岐山县董家村。该鼎通高 36.5 厘米，口径 34.3 厘米，腹深 19.5 厘米，重 11.5 公斤。双立耳，三柱足，平沿外折，下腹向外倾垂，鼎外底积结着厚厚的一层烟炱，口沿下饰以细雷纹填地的变形兽体纹。

“五祀”之名，来源于鼎铭文末的“隹王五祀”，即五年的意思，表明此器制作于西周恭王五年。一般来说，给带有铭文的青铜器命名，直接用器主名 + 器型作为名称即可。此器主人为西周中期贵族裘卫，应该直接命名为裘卫鼎或卫鼎。但是当时这一坑青铜器窖藏中同时出土了两件裘卫鼎，一件为恭王五年所作，一件为恭王九年所

展于中国法院博物馆的五祀卫鼎复制件

作。为区分这两件裘卫鼎，故将一件称为“五祀卫鼎”，另一件称为“九年卫鼎”。这两件裘卫鼎与同坑出土的二十七年卫簋、三年卫盉，合称“裘卫四器”。

对铭文的不同解读

五祀卫鼎铭文共19行207字，记录了一场裘卫和邦君厉之间因为土地补偿而引起的官司。原文如下：

隹（唯）正月初吉庚戌。卫目（以）邦君厉告于井（邢）白（伯）、白（伯）邑父、定白（伯）、 白（伯）、白（伯）俗父，曰：“厉曰：‘余执龏（恭）王恤工（功）于邵（昭）太室东逆（朔），焚（营）二川’。曰：‘余舍女（汝）田五田。”’正迺（乃）讯厉曰：“女（汝）贮田不?”厉迺许曰：“余窨（审）贮田五田。”井（邢）白（伯）、白（伯）邑父、定白（伯）、 白（伯）、白（伯）俗父迺（乃）顜。事（使）厉誓。迺（乃）令参（叁）有司：司徒邑人趞、司马颐人邦、司空陶矩、内史友寺刍，帅（率）属（堳）裘卫厉田四田。迺（乃）舍寓于早（厥）邑：早（厥）逆（朔）强（疆）累（暨）厉田、早（厥）东强（疆）累（暨）散（散）田，旱（厥）南强（疆）累（暨）散（散）田，累（暨）政父田，旱（厥）西强（疆）累（暨）厉田。邦君厉累（暨）付裘卫田。厉吊（叔）子娩（夙）、厉有嗣（司）醒（申）季、庆癸、燹（豳）衷（表）、彻（荆）人烈（敢）、井（邢）人偈犀（辟），卫小子者甘（其）卿（飨）彻。卫用乍（作）觖（朕）文考宝鼎。卫其万年永宝用。隹（唯）王五祀。

释读青铜器铭文，至今仍有文字识别和断句上的困难，在理解上出现差异也就在所难免。在对五祀卫鼎铭文的翻译上，目前存在两种主流观点：

一种是古文字学家唐兰先生的早年释读，在《西周青铜器铭文分代史征》一书中，唐兰先生将五祀卫鼎铭文意译为：

正月上旬庚戌，卫把邦君厉的话告知邢伯、伯邑父、定伯、琼（音亮）伯、伯俗父等。

五祀卫鼎铭文拓片

图片来源：唐兰《西周青铜器铭文分代史征》，1986 年中华书局版厉说："我办理共王（即恭王，编者注）勤政的事，在昭王的太室东北，临时禜（音咏）祭泾渭两条大川的神，对我说给你种五百亩田。"

执政们讯问厉说："你租田吗？"

厉承认说："我确实要租给人五百亩。"

邢伯、伯邑父、定伯、琼伯、伯俗父办成了，要厉立誓。于是命令三个职官：司徒邑人趟、司马颐人邦、司空陶矩、内史友寺刍，带领着踏勘给裘卫的田四百亩。

于是给在这个邑里定下四界：北界到厉的田，东界到散的田，南界到厉的田和政父的田，西界到厉的田。邦君厉到场付给裘卫田，厉叔子夙、厉家的管事的鬸（音崇）季、庆癸、燹（音险）襛（音表）、荆人敢、邢人偈屖、卫小子者甘举行宴会并送礼。卫用以做我的父亲的鼎，卫一万年永远宝用。这是王五年。

唐兰先生认为五祀卫鼎铭文讲的是西周恭王五年正月，裘卫向刑伯、伯邑父、定伯等宰辅官员告发，他和邦君厉之间发生了土地纠纷：邦君厉曾许诺要补偿五百亩土地给他，却未能履约。经过宰辅官员的讯问，邦君厉同意偿付并立下誓言，双方协商将补偿土地面积由五百亩改为四百亩。经三有司（司徒、司马、司空）和内史实地勘察、划定地界，官司最终了结。

但《中国法制通史》第一卷《夏商周》(总主编：张晋藩，本卷主编：蒲坚）部分对五祀卫鼎铭文作了不同的解读：

正月上旬庚戌那天，裘卫把邦君厉带到执政大臣井伯等人面前进行交易。他对邦君厉说："我执掌共王勤政的事务，在昭王的太室东北，要经营两条河流。"又说，"我给你五田作交换"。这是要约人裘卫陈述交换土地的理由。

交换土地要在执政大臣面前进行，以得到国家的认可。裘卫是个管理皮裘的官员，又是一个工商奴隶主。生产皮革制品离不开水，所以，他看中了邦君厉所占有的位于昭王太室东北的田地。那儿有两条流水，利于经营皮毛生产，因而愿意以自己的五百亩田（"五田"）交换邦君厉的一块四百亩的田地（"四田"）。

官员们询问邦君厉："你愿意换田吗？"当"厉乃许"之后，这桩土地交换契约便在双方协议的基础上达成了。

裘卫用自己的"五田"去交换邦君厉的"四田"，从数量上看，交换是不等价的。然而，邦君厉的"四田"当中却有二川流动，水利收益将会弥补田数的差额，所以交换基本上是均等的。这便是裘卫不顾田土数量上的差异而以要约人身份首先请求交换的原因，也是邦君厉能够以允约人身份允诺契约达成的理由。契约签订之后，双方均承担义务，要按契约规定交付对方所换的田地。

裘卫为了使自己对交换得来的土地享有永久占有权，因而铸造这件大鼎，详细记述在官方参与下勘察“四田”田界的经过和邦君厉现场交付裘卫田土的具体情况。

唐兰先生《西周青铜器铭文分代史征》和张晋藩、蒲坚《中国法制通史・夏商周》在对五祀卫鼎铭文的解读上，分歧之处主要在“五田”和“四田”的关系问题。唐兰先生《西周青铜器铭文分代史征》认为，“五田”是邦君厉最初许诺给裘卫的补偿田土数目，后来改为补偿“四田”；而《中国法制通史・夏商周》则认为是裘卫用自己的“五田”去交换邦君厉的“四田”。

在青铜器铭文识别取得新进展之前，这种识别与解读上的差异还难以消除。

土地案件审理程序

以唐兰的释读为例，从法律角度来分析五祀卫鼎铭文记述的土地补偿违约案件，可以大致了解西周时期案件处理的一些基本情况。例如，案件涉及原告裘卫，被告邦君厉，争议焦点是土地的补偿问题，案件在有关司法官员询问当事人情况和实地勘察之后得到解决。这一案件的审理对于研究西周时期的审判制度有重要的史料价值。根据有关学者的分析，案件的审理程序是：

1. 原告上诉并陈辞

五祀卫鼎中，卫作为原告把邦君厉控告到邢伯、伯邑父、定伯、𫍲伯、伯俗父等执政大臣那里，并作了陈辞。

卫说：“厉说：‘我办理恭王勤政的事，在昭王的太室东北治理两条河流（要占用你的田地）（紧接着厉）说：‘我给你五百亩田（作为补偿）。’（我答应了他，但是他现在没有把田给我）。”

2. 司法官讯问被告

执政大臣们作为司法官讯问了被告厉。讯问的内容是：“你补偿田地还是不补偿？”

3. 被告陈辞

被告厉承诺说："我确实要补偿卫五百亩田。"

4. 司法官对案件作出裁判

邢伯、伯邑父、定伯、琼伯、伯俗父等执政大臣作为司法官就厉补偿土地给裘卫一事作了裁判，经过和议，由原来的补偿五百亩改为补偿四百亩，并叫厉立了誓。

5. 司法官命令三有司踏勘田界

邢伯、伯邑父、定伯、琼伯、伯俗父等执政大臣作为司法官命令三个职官：司徒邑人趞、司马颐人邦、司空陶矩、内史友寺刍，带领着大家去踏勘厉补偿给裘卫的四百亩田地，并为这片田地定下了四界。

6. 被告方到场付田，并由家臣辅佐完成付田仪式

邦君厉到场付给裘卫田，厉叔子夙、厉家的管事申季、庆癸、燹（音险）䙷（音表）、荆人敢、邢人偈辅佐他们的君主厉完成付田仪式。

7. 受田方的家臣出面宴请并礼送参与此事者

卫小子者甘负责举行宴会并送礼。

8. 史官将案件登记在案

与三有司一起踏勘田界的内史友寺刍，应该就是负责案件登录工作的。内史友，见于《尚书·酒诰》，在金文中寮与友并称，寮友都是部属、助手之称。

9. 受田方将约契内容铸造在青铜器上

受田方是卫，卫将约契内容铸造在青铜器上，"卫用作朕文考宝鼎，卫其万年永宝用"。

五祀卫鼎铭文对土地变更的契约内容记述较详，有立契时间、缔约双方名字、标的、契价和交割、见证人等内容，可以看出当时的案件审理已经有了一定的程式。但契约文书除了土地四至条款外的各项具体条款并不清晰，文书整体来说还相对比较粗糙，且具有很强的行政色彩和原始契约的形式主义特征。

土地私有制的萌芽

西周时期是中国古代土地国有制的典型时期，最高统治者周天子把土地和奴隶分封、颁赐给诸侯，叫做"授民授疆土"，诸侯再把封区内的土地分赐给自己的卿大夫以至于士。受封的各级贵族成为封地的实际占有者或使用者。这一土地制度具有国家

土地所有制的性质，各级贵族只拥有土地的使用权，所有权统归周天子，即“普天之下，莫非王土”。土地不能随意转让、买卖，这叫做“田里不鬻”，此时并不存在土地私有权。

著名历史学家张传玺教授在《秦汉问题研究》一书中指出，西周中期，尤其是周成王以后，社会生产力发展较快，新兴贵族崛起，开始出现土地的赠送、赔偿、互换乃至抵押、典当现象。这一时期出土的一些青铜器铭文，显示出当时的土地已经有了私有制的萌芽。这其中，五祀卫鼎具有一定的代表性。

五祀卫鼎铭文拓片
图片来源：马承源《商周青铜器铭文选（一）》，文物出版社 1988 年版

从五祀卫鼎铭文可以看出，尽管当时土地私有权还没有完全实现，尽管土地交换还仅限于贵族之间进行，而且必须经过周天子或其代理人的同意，并要在朝廷中登记备案，但中央政府对土地的转让已经许可，贵族对土地的私有权和处分权已经部分得到了制度上的默认。土地所有制发生变化，开始从国有制向私有制过渡，“田里不鬻”的格局被打破。

到了西周末年，原本全部属于周王室的土地，越来越多地归为贵族私有，周天子的威信也和他的土地一样越来越少。日益衰弱的王室，众多强大的诸侯，西周王朝走到了命运的关口，这一切都被记录在厚重的青铜档案之中。

《洗冤集录》

《洗冤集录》：800年前的审死官让尸体“说话”

一册20世纪50年代新善本线装版的《洗冤集录》静静摆放在中国法院博物馆里的玻璃橱窗中，书籍的纸张已经被岁月染黄。

《洗冤集录》，南宋宋慈著，始刊于宋理宗淳祐七年（公元1247年），是世界上现存第一部系统的法医学专著，比国外最早由意大利人菲德利斯写的法医著作《医生的报告》要早350多年。中国古代很早就有刑事检验规定，尸伤检验等技术也自此不断发展。至南宋《洗冤集录》问世，标志着系统研究尸伤检验技术的学科——中国古代法医学发展到了一个新的高度。

《洗冤集录》共5卷53目，约7万字。前有作者自序。卷1包括条令、检覆总说、疑难杂说等目；卷2—卷5分列各种尸伤的检验区别等项。《条令》目下辑有宋代历年公布的条令29则，都是对检验官员规定的纪律和注意事项。其余52目，排列分卷不甚有序，各目下内容亦有穿插交错，但细加缕析，其内容大致可分三方面：1. 检验官员应有的态度和原则；2. 各种尸伤的检验和区分方法；3. 保辜和各种救急处理。

本书对尸体现象、窒息、损伤、现场检查、尸体检查等方面都有较科学的观察和归纳，有的达到相当精细的程度。该书序言部分所提出的“狱事莫重于大辟，大辟莫重于初情，初情莫重于检验”的思想，迄今依然是法医学鉴定的重要基础。

“福尔摩斯”成长史

宋慈（1186—1249），字惠父，南宋福建建阳人。少曾受业于同邑吴稚门下。吴稚是朱熹的弟子，因此，宋慈有机会与当时有名的学者交往。宋慈二十岁进太学，又为当时著名理学家、朱熹再传弟子真德秀所赏识，遂师事之。

南宋宁宗嘉定十年（1217年），宋慈中进士乙科，朝廷派他去浙江鄞县任尉官，因父丧而未赴任。宋理宗宝广二年（1226年），宋慈出任江西信丰县主薄，从此正式踏上仕宦生涯。他历任县令、通判兼摄郡事及广东、江西、湖南路提点刑狱公事，广东经略安抚使等职。在宋慈20余年官宦生涯中，大部分时间与刑狱方面有关，长期的专业工作，使他积累了丰富的法医检验经验。宋慈平反冤案无数，深知“狱事莫重于大辟，大辟莫重于初情，初情莫重于检验”，认为检验乃是整个案件“死生出入之权舆，直枉屈伸之机括”，因而对于狱案总是慎之又慎，“不敢生一毫慢易心”。

发现吏仵奸巧欺侮，则亟予驳正；若疑信未决，必反复深思，决不率然而行。宋慈在认真审慎的实践中，得出一条重要经验：“狱情之失，多起于发端之差；定验之误，皆原于历试之浅”，于是在前人著述《内恕录》《折狱龟鉴》的基础上，荟萃厘正，

结合自己的实际经验，总为一编，名曰《洗冤集录》，以指导狱事的检验，达到“洗冤泽物”的目的。中外法医界普遍认为是宋慈开创了“法医鉴定学”，因此宋慈被尊为世界法医学鼻祖。

暑月尸臭难闻 检验官必亲临视

如何将检验之事做得充分、到位呢？宋慈认为除了找证据，为官者的态度也很重要。“吏不良，则有法而莫守”。南宋时，州县官府往往把人命关天的刑狱之事委之于没有实际经验的新入选的官员或武人，这些人易于受到欺蒙；加之其中有的人怕苦畏脏，又不对案情进行实地检验，或虽到案发地点，但“遥望而弗亲，掩鼻而不屑”，因而难免判断失误，以至黑白颠倒，是非混淆，冤狱丛生。宋慈在书中说，检验官员必须“亲临视”。无论案发于何处，也要“躬亲诣尸首地头”，“免致出脱重伤处”。否则，应以失职罪杖处之。即使案发于暑月，尸味难闻，臭不可近，当检官员也“须在专一，不可避臭恶”。

此外，宋慈反复强调检验案件，事关人命，“当是任者，切以究之”。他在书中写道，“诸验复之类应差官者，差无亲嫌干之人”，这规定了为官者的回避制度。检验官在接到检验公文之后，为防止奸欺，切“不可接见在近官员、秀才、僧道”，因为这些官员、秀才、僧道等在地方上有一定势力，上能通官府，下能聚集民众，一旦参与颠倒案情之事，将对探明案情真相极为不利。

除了对尸、伤及现场进行认真仔细的勘验，宋慈还主张检验官要重视对现场周围以及相关人员的调查和访问。只有把各方面因素综合思量之后，方能获取正确而有效的证据，以使得自己的检验结果得到印证，探明案件真相。

定罪量刑 一切须“据状断之”

“牢狱用刑以求取口供”，中国传统社会向来重视口供的采集。而宋慈在书中写道，断案须“多方体访，务令参会归一，切不可凭一二人口说，便以为信”，且“告状者切不可信，须是详细检验，务要从实”，同时尚需了解被害人生前的社会关系、经济状况，要充分掌握真凭实据。这一方面是因为“证以物必得实焉”，另一方面是不能听从一面之词，以防其中有弊。在“经制日坏”的南宋末年，宋慈的这种思想是十分难能可贵的。

当然，不轻信口供在当时律法中亦有体现，即使罪犯招供，也要查出证据；反之，即使罪犯不招供，在物证确凿的情形下，亦可定罪判刑，一切须“据状断之”。

宋慈在书中再三强调以查找证据为目的的检验勘查工作当慎之又慎，尤其是致命伤的检验对加害人的定罪量刑关涉甚重，检验勘验一定要仔细。“凡伤处多，只指定一痕系要害致命”；倘若是聚众斗殴，“如死人身上有两痕，皆可致命，此两痕若是一人下手，则无害；若是两人，则一人偿命，一人不偿命，须是两痕内，斟酌得最重者为致命。”然而，如果两个人同时刺杀、同时打击，要定哪个对致命伤负主要责任，就比较困难了。想到这一层，宋慈的考虑才算是完备。

在“慎刑”原则指导下，宋慈的重证据、“恤民”“宽严相济”等思想无不影响着后代的司法实践。即使在当代，宋慈指出的“恤民”“回避”“慎断”“缜密”“严明”“亲验”等检验原则也彰显出重要的价值。

“非礼勿视”背景下“重视验尸”

按照南宋理学“视、听、言、动非礼不为”“内无妄思，外无妄动”的教条，在检验尸体之时，都要把隐秘部分遮盖起来，以免“妄思”“妄动”之嫌。宋慈出于检验的实际需要，一反当时的伦理观念和具体做法，彻底打破尸体检验的禁区。他告诫当检官员：切不可令人遮蔽隐秘处，所有孔窍，都必须“细验”，看其中是否插入针、刀等致命的异物。并特意指出：“凡验妇人，不可羞避”，应抬到“光明平稳处”。如果死者是富家使女，还要把尸体抬到大路上进行检验，“令众人见，一避嫌疑”。这对查清案情，防止相关人员利用这种伦理观念掩盖案件真相，是非常必要的。

在《洗冤集录》中，有一些检验方法虽属于经验范畴，但却与现代科学相吻合，令人惊叹。如用明油伞检验尸骨伤痕，就是一例：“验尸并骨伤损处，痕迹未现，用糟（酒糟）、醋泼罨尸首，于露天以新油绢或明油雨伞覆欲见处，迎日隔伞看，痕即现。若阴雨，以热炭隔照。此良法也”。“将红油伞遮尸骨验，若骨上有被打处，即有红色路，微荫；骨断处，其接续两头各有血晕色；再以有痕骨照日看，红活乃是生前被打分明。骨上若无血荫，纵有损折，乃死后痕。”如此检验尸骨伤损，与现代用紫外线照射一样，都是运用光学原理。

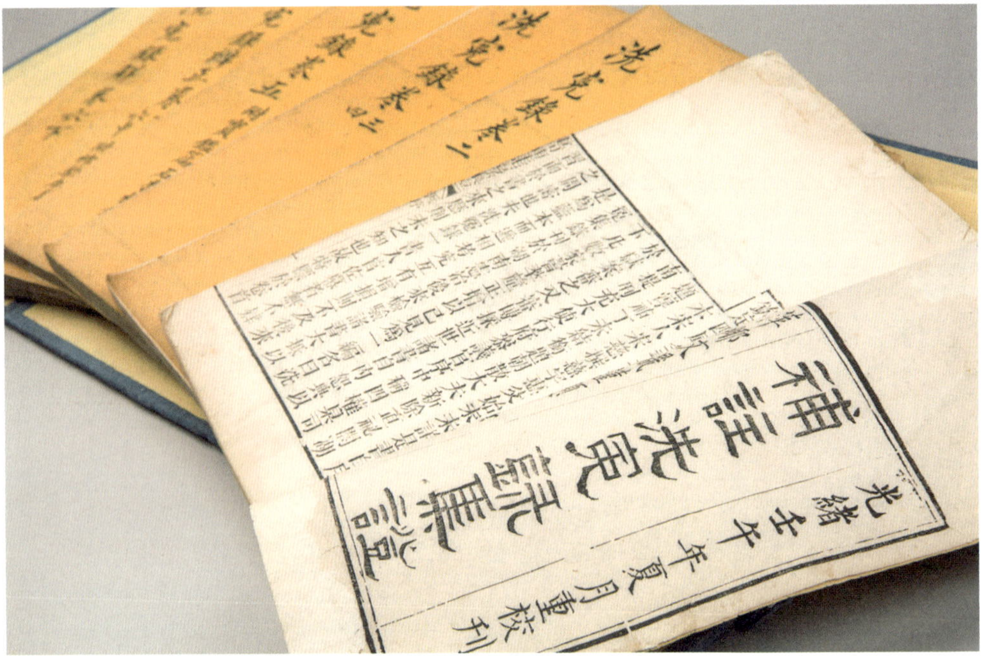

尸骨是不透明的物体，它对阳光是有选择地反射的。当光线通过明油伞或新油绢伞时，其中影响观察的部分光线被吸收了，所以容易看出伤痕。再如书中论述的救缢死法，与当代的人工呼吸法，几乎没有差别。还有用糟、醋、白梅、五倍子等药物拥罨洗盖伤痕，有防止外界感染、消除炎症、固定伤口的作用，也与现代科学原理一致，只是使用的药物不同而已。诸如此类，不胜枚举。宋慈运用和记载这些方法，目的在于查出真正的死伤原因，无不体现了求实求真的科学精神。

宋慈对于验尸的方法，曾总结了一整套比较合理的措施。比如，尸斑的发生与分布；腐败的表现和影响条件；尸体现象与死后经过时间的关系；棺内分娩的发现；缢死的绳套分类；缢沟的特征及影响的条件；自缢、勒死与死后假作自缢的鉴别；溺死与外物压塞口鼻而死的尸体所见；窒息性玫瑰齿的发现；骨折的生前死后鉴别；各种刃伤的损伤特征；生前死后及自杀、他杀的鉴别；致命伤的确定；焚死与焚尸的区别；各种死亡情况下的现场勘验方法等。第 52 目“救死方”下，收集了自缢、水溺、暍死、冻死、杀伤及胎动等抢救办法及单方数十则，都是通过经验证明是行之有效的。

刊印成册：历朝检验官吏办案必备指南

康熙三十三年（1694 年），律例馆曾组织人力修订《洗冤录》，参证古书达数十种之多，定本为《律例馆校正洗冤录》，“钦颁”全国。道光年间，又有王又槐增辑，李观澜、瞿大夫、阮其新多次进行增删修订，并汇辑各种同类著作，称为《补注洗冤录集证》。本书是《洗冤集录》增补注释本的一种，也是流行较广的一种传本。这就是目前看到的最完整的本子。

《洗冤集录》一经刊出，即不胫而走，宋之后元、明、清历朝检验官吏无不作为办案必备之书，甚至成为考试内容，并收入四库全书目录。《洗冤集录》出版后 600 多年里，历代重刊、再版可以查证的就达 39 种之多。《洗冤集录》成书于十三世纪，距今有七百余年。由于受限于当时的科学水准，因此其内容难免有一些错误的地方，但是整体而言，瑕不掩瑜，此书仍是一部符合科学精神的杰出作品，也无损于其在世界法医学上的地位。

解放区的土地法——《中国土地法大纲》

抗日战争结束后，在中国共产党领导下的各解放区，特别是山西、河北、山东和华中解放区，广大贫苦农民在深入开展反奸清算和减租减息的新形势下，迫切要求废除地主土地所有权。为此，1946年5月4日，中共中央发出《关于土地问题的指示》（即“五四指示”），决定将减租减息政策改变为没收地主土地分配给农民。各解放区于1946年下半年逐步开展了土改运动。

为了推动解放区土改的深入开展，1947年7月17日至9月13日，中国共产党中央工作委员会在河北省石家庄市平山县西柏坡村召开全国土地会议，制定了《中国土地法大纲》，于同年10月10日由中共中央公布，成为各解放区普遍实施的土地法。

人民日報

中國共產黨中央委員會

公佈中國土地法大綱

關於公佈中國土地法大綱的決議

中國土地法大綱

图为《人民日报》关于《中国土地法大纲》的报道

《中国土地法大纲》共有16条，是解放区关于土地改革的重要立法，修改了抗日战争期间“减租减息”的土地政策，决定彻底废除封建性及半封建性剥削的土地制度，实行耕者有其田的土地制度；没收地主的土地财产，征收富农多余的土地财产；废除一切祠堂、庙宇、寺院、学校、机关团体的土地所有权；废除劳动人民在土地改革前所欠的高利贷债务；

以乡或村为单位统一分配土地，数量上抽多补少，质量上抽肥补瘦，所有权归农户所有；土改前的土地契约、债约一律缴销；工商业者的财产及其合法的经营受法律保护，不受侵犯。

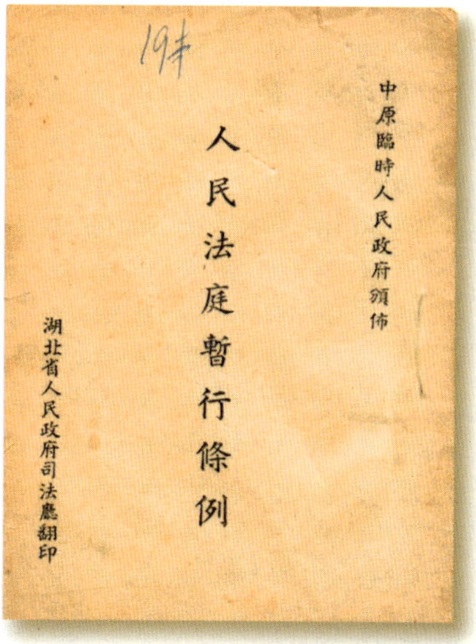

中国法院博物馆藏《人民法庭暂行条例》

《中国土地法大纲》不但肯定和发展了1946年“五四指示”中提出的将地主土地分配给农民的原则，而且改正了其中对地主照顾过多的不彻底性，规定了彻底平分土地的基本原则，成为一个在全国彻底消灭封建剥削土地制度的纲领性文件。

《中国土地法大纲》颁布后，各解放区为贯彻全国土地会议的精神，从各级党、政、军机关抽调大批人员组成工作组，深入农村开展工作。

1947年11月至12月，一个以土地改革为中心的波澜壮阔的群众运动广泛开展起来，各解放区的土地改革运动似暴风骤雨般地掀起，广大农村地区的生产关系发生了极其深刻的变化。翻身农民在各级人民政府的领导下，组织农团和农会，控诉恶霸地主的罪行，没收地主的土地分配给贫苦农民。广大群众参军支前的积极性空前高涨。

为保障土地改革的顺利开展，根据《中国土地法大纲》规定，各解放区农村成立临时性司法机构——人民法庭，专门审理破坏《中国土地法大纲》、危害土地改革运动及侵犯人民民主权利的案件。人民法庭有死刑判决权，但死刑执行须由县政府批准。土改一结束，人民法庭即被撤销。

《中国土地法大纲》的公布与实施，总结了中国共产党二十多年土地革命的基本经验教训，调动了农民革命与生产的积极性，对于指导各解放区土地改革运动的顺利开展，彻底摧毁几千年封建剥削的土地制度，保证人民解放战争的胜利，都起到了重大的历史性作用。

图为河北省曲阳县人民法庭公审恶霸地主

图为解放区各级政府组织农民认真学习《中国土地法大纲》

图为阜平县土改工作人员把《中国土地法大纲》抄写在墙壁上，向农民广泛宣传

图为宁河县翻身农民丈量土地

中国大陆第一个法槌诞生记

中国法院博物馆内珍藏着一柄特殊的法槌。它独特的造型吸引众多游客驻足流连。法槌的槌头是一个雕工精细的独角兽造型，槌柄上刻有麦穗和齿轮，整个法槌用花梨木雕刻而成，庄重而大气。仔细看，会发现法槌上独角兽的左耳还有些损坏。

这个被称为“中国大陆庭审第一槌”的法槌是福建省厦门市思明区人民法院在2001年9月14日庭审中首次使用，虽然早已从庭审中功成身退，但它背后的故事与丰富的内涵却不能掩去。

一直以来，人民法院，尤其是基层法院的庭审秩序经常出现意料之外的状况，基层法院的法官们不得不想尽办法掌控庭审节奏，维持庭审秩序，保证顺利开庭。为了寻找一个既能有效管理庭审秩序，又能体现法官威严的庭审辅助工具，厦门市思明区法院的法官们专门展开了讨论。有的法官认为法铃好，国内有振铎醒世的古语，也有例可循；有的认为应该用古代县衙里的惊堂木，既可以延续传统，也能够引起庭审参与各方的注意，效果好；也有人认为用法槌更好，国际上用法槌的国家比较多，虽然没有中国传统文化元素，但法槌轻巧便于使用，仪式感强，很好地体现了法庭的庄重、法律的精神和审判的公平正义等现代法治理念。

如何决策，让时任思明区法院院长的陈国猛颇费了一番脑筋。惊堂木在中国的使用由来已久，但也因此让老百姓对惊堂木的认识牢牢地跟县令、知府等封建衙门官老爷联系在一起，与封建司法中的腐败、官官相护等官场恶习绑在一起，用在法庭上显然不妥。铃铛的使用更容易让人想起学校的上课铃声，与严肃的法庭始终有些隔膜。法槌呢，西方国家大多用法槌，完全没有中国的传统文化要素。传统文化、中国国情、法治理念是法庭器具应该传达的基本内涵……在综合其他法官意见，明确了设计理念后，陈国猛最终拍板：中国的国情应当从审判权的渊源——宪法规定的工农联盟着手，用象征工人和农民的齿轮和麦穗作为重要设计元素；传统文化可以用古老的司法图腾獬廌做代表，法治理念决定了惊堂木、法铃都不合适；那就用麦穗和齿轮、独角兽獬廌跟法槌结合，设计一款有自己特点的法槌。

方案确定了，陈国猛马上安排郑金雄法官负责具体落实。郑金雄找到仙游做木雕的老乡一起琢磨，最后决定法槌槌头的上半部雕成一个独角兽獬廌的形象，寓意为公平正义至上；法槌的柄上浅雕出麦穗的花纹，在手柄靠近槌头处雕成一个齿轮，这样既能表现出审判权力源于人民、掌握在人民手中的深刻内涵，又便于使用，避免因手滑出现抓不牢的情况。做好法槌样品后，郑金雄又琢磨起法槌底座。方形底座寓意法官方正，法律是规矩，有很强的原则性。至于用什么材料，木雕师傅也没有经验。郑金雄只好自己找来实木、聚合板材一一试过去，试了 70 多种材料后，终于选定声音清脆响亮的硬木花梨木。

陈国猛对刚做好的法槌样品很满意，但多次试敲后，陈国猛始终感觉法槌敲击底座的声音仍然短促，不够亮。经过反复试验、推敲，最终二人发现底座部分雕空后，法槌敲击底座的声音不再短而直，并且有了些空灵的韵味。终于，一款融国情、传统与社会主义法治理念于一身的法槌就这样诞生了。思明区法院一面联系东阳木雕师傅批量生产法槌，一面抓紧制定法槌使用的规定。

最高人民法院法槌

2001 年 9 月 14 日上午，根据思明区法院法槌使用规定，陈国猛在庭审中敲响了中国大陆庭审第一槌。

思明区法院庭审中使用法槌的情况一传开，各种媒体竞相报道。当时正在推进司法改革的最高人民法院迅速组织人员调研，并在 2002 年 6 月 1 日开始正式在全国法院统一使用法槌。

最高人民法院推广统一使用的法槌版本没有采用獬廌、齿轮与麦穗等设计元素，而是简洁大方的上下圆形对称的法槌。这是因为思明区法院设计的法槌雕工精美，线条细腻，一个熟练的木工师傅一天最多也只能雕一个法槌，难于大批量生产，难以大规模推广。雕工精美这个突出的特点在面临大规模推广时反而成了致命的缺陷，这对凡事力求完美的思明区法官来说是个无法排遣的遗憾。不过，他们的探索已经助力于中国审判的改革事业，他们的努力已经在司法改革的历史进程中留下了印记，这足以令他们欣慰和自豪了。

知识链接

一、法槌的使用需遵守严格程序与规定

当前使用的法槌槌体的顶部镶嵌象征公平正义的天平铜片，整个底座由一块整木制成，敲击时声音清晰响亮。圆形槌体与方形底座的组合，寓意法律的原则性与灵活性相结合。法槌不同于中国古代的“惊堂木”。惊堂木虽然也可以发挥维护审判秩序的作用，但它的使用具有很强的随意性，而法槌的使用有严格的程序和规定，两者的性质完全不同。这不仅是审判形式的改革，也是树立司法尊严、追求公正与效率的要求。

2002 年 6 月 1 日，《人民法院法槌使用规定》开始施行并明确规定了法庭审理中使用法槌的不同阶段及程序：审判长在宣布开庭、继续开庭时、先敲击法槌，后宣布开庭、继续开庭；宣布休庭、闭庭以及判决、裁定时，先宣布休庭、闭庭以及判决、裁定，后再敲击法槌。其他情形使用法槌时，应当先敲击法槌，后对庭审过程作出指令。使用法槌时一般敲击一次，法槌敲响后，诉讼参与人、旁听人员应立即停止发言、喧哗或其他有碍庭审进程的行为，否则将按照规定追究其法律责任。

二、法槌的“前生”

早在春秋战国时期，中国开始使用惊堂木，这可被视为法槌的雏形。据《国语·越语》记载：“惊堂木，长六寸，阔五寸，厚二寸又八。添堂威是也……。”

惊堂木的正式名称叫“气拍”，又名“醒木”，也有叫“界方”和“抚尺”的，是一块长方形的硬木，有角有棱，取“规矩”之意。因其一响之下，满堂皆惊，具有严肃法堂、壮官威、震慑受审者的作用，所以俗称“惊堂木”。

唐代之前，“惊堂木”并无图案，只是为方便起见，将其顶面做成弧形而已。

唐太宗时期，为了美观，惊堂木上开始雕刻龙、虎、狮等动物图案。

武后（武则天）永昌年间，惊堂木图案定为龙形，取龙乃皇权之意。其后宋、元、明、清，虽然形制稍有变化，但都延续以龙为饰。宋代惊堂木图案为卧虎，元代为三爪或四爪龙，明代为五爪带角龙。清康熙年间，惊堂木上的龙形修改成嘴缩身瘦的模样，看起来像一条蛇。此外，惊堂木的选料和工艺也极为讲究，选材多以高档红木为主，质地坚硬，纹理细腻，敲击桌案时声音响亮。

“惊堂木”经历代制度的沿革与演变，开始只是官员才能使用，后来流传到民间，成为上至“九五之尊”的皇帝，下至“三教九流”的艺人，皆沿袭使用的物事。

学术探讨

Research Findings

中国法院博物馆
CHINA COURT MUSEUM

中华民族的法律传统与史鉴价值

张晋藩

中国古代的法律在国情因素的影响下，经过中华民族的伟大创造，形成了独特的法律传统，其中蕴含着中华民族的创造精神和实践中经验的总结，值得我们认真研究，发掘其中的穿越时空的价值部分，这对于建设社会主义的法治中国具有重要的意义。

一、重以德化民，德主刑辅的法律传统

早在周初，周公旦鉴于商朝失德亡国，提出了“皇天无亲，惟德是辅”，明德慎罚等主张，强调“明德”“敬德”“成德”作为施政的理论基础和以德化民的具体措施。两汉儒家对于刑德的论证，为德主刑辅法制原则奠定了深厚的理论基础，至唐代，《唐律疏议》开篇即说“德礼为政教之本，刑罚为政教之用”，并将这种本用关系提升到与自然现象“昏晓阳秋”一样永恒而不变。

无论是以德化民，还是以德导民都表明了德主刑辅的法律传统的内涵。德主刑辅的法律传统是和中国古代的国情以及儒

家的说教分不开的。由于德主刑辅使法律涂上了德的色彩，减少了推行法律的阻力。同时德礼入律，道德条文化、道德法律化增加了法律的权威性和可行性，也支持了法律的稳定。

中国古代社会，以德化民，德主刑辅的法律传统使得法律和道德起着控制社会的二元的作用。德的效用常常是法律所不及的，因此，德法互补互用成为一个悠久的法律传统，是中华法系最主要的特色之一。在市场经济的今天，依法治国和以德治国相辅相成，十分必要。

二、重民为邦本，人本主义的法律传统

《尚书・五子之歌》有云："民惟邦本，本固邦宁。"说明国以民为本，失民则不成其为国，只有本固，才能邦宁，这是极其珍贵的历史经验的总结。

夏商统治者虽然宣扬天的庇佑，但由于虐杀百姓，终于激起夏民的反抗和殷军队的前途倒戈，招致亡国。周初统治者吸取商亡的教训，重视民的作用，周公说："人无于水监，当于民监"，从而把立足点放在重民的基础上，实行许多要在收拾人心的政策，带来周朝八百年的统治。

民为邦本的重民思想，经过儒家的提炼，演绎成人本主义的价值理念。孔子说"仁者爱人"，奠定了人本主义的理论基础，表现在法律上，首先重视民生，保障民众生产的基本条件，这是为什么土地立法成为立法的重要内容，为什么一个王朝之兴都重视轻徭薄赋。其次，重视人命的价值，宽恤民命，严肃对待死刑犯的处决，从北朝起死刑的处决权收归朝廷，唐朝的死刑复审制度、明清的会审制度，都表现了重视死刑犯的处决。只有皇帝御笔勾决之后，才能执行死刑。再次，法律维护社会的弱势群体，如鳏寡孤独、残疾、废疾犯法当刑者，法律采取恤刑原则，或减刑或宽宥。清朝实行的存留养亲制度也体现了人道主义的原则。

中国古代人本主义的法律传统和刑罚人道主义原则是结合在一起的，尽管带有封建时代的烙印，但它的价值值得肯定。

三、重伦常关系，孝亲亲伦的法律传统

中国古代社会的发展与西方最大的不同是：中国是在以血缘关系为纽带的氏族社

会还未完全解体时就进入了阶级社会、形成了国家，因此宗法血缘关系对于社会和国家的许多方面都有着强烈的影响。周亡以后宗法与政治等级相一致的国家结构已经瓦解了，但宗法的原则，宗法的精神却更广泛的渗透到整个社会，所以伦常关系是最重要的社会关系。宋儒程颐说："父子君臣，天下之定理，无所逃于天地之间。"[①]

早在夏朝不孝就是一项主要的犯罪，至周朝随着宗法制度的确立，除不孝仍为重罪外，还出现了"不悌"、"不睦"、"不友"、"不姻"等维护伦常关系的新的罪名。至隋唐制定十恶重罪，不孝为其中之一，犯之者处以重刑，此项规定一直延至晚清修律。法律除以严刑惩治不孝罪外，还赋予父母对子女的教令权和对不孝子女的送惩权。父权家长制家庭成为社会的基本细胞和专制制度的支柱。

发生在伦常尊卑之间的犯罪，因血缘而为之轻重，形成了中国古代的伦理法，不仅是法律的重要组成部分，也是中国古代法律的特征之一。

由重伦常关系而形成的孝亲亲伦的法律传统，确认了亲族之间的权利义务关系和家长、族长的统治地位，并且制定了适用于族内的家族法规，维系着整个社会的稳定，因而受到国家的关注与支持。

四、重敦诚守信，赏信罚必的法律传统

诚信是中国古代法律权威性的根源，也可以说是法律生命力之所在。法律如果失去诚信，不仅丧失权威，也失去了存在的必要。无论儒法两家还是汉以后的思想家、法学家都共同主张法律以诚信为第一要素。孔子说："自古皆有死，民无信不立"，把信看做重于生命。孟子说："诚者，天之道也；思诚者，人之道也。"以诚作为人天之间的媒介。在实践中商鞅"立木为信"，树立了法律的权威，成为改革变法的保障。法家一贯主张赏信罚必，以此作为推动奖励耕战，争胜六国的重要手段。

唐太宗时期大理寺少卿戴胄曾以"法者国家布大信于天下"，如不遵法行法将使国家失信于民，势必难以维持统治。他以此折服了以意变法的唐太宗的御敕。宋神宗时，主持变法的王安石盛赞商鞅以诚信执法，取得成功，他在诗中说："自古驱民在信诚，一言为重百金轻。今人未可非商鞅，商鞅能令政必行。"[②]

---

① 二程遗书（卷五）。

② 王安石．商鞅。

从皋陶造律严惩欺诈罪，昭示了法贵诚信的先声。其后在历朝立法中都严惩诈伪的犯罪行为，不仅适用于经济，如唐律中的市场管理法，也适用于治国理政。秦统一前专恃武力不讲信义，被称为虎狼之国，其统一后二世而亡，虽有各种原因，但不以诚信立国未尝不是原因之一。

重敦诚守信，不仅是法制的要求，它也反映了中华民族优秀的品格和共同的追求。社会舆论普遍认为敦诚守信者为君子，而以欺骗诡诈者为小人，小人为大众所不齿。

五、重以法治官，明职课责的法律传统

在封建专制制度下，官僚队伍是君主控制国家和社会，并将其意付诸实施的权力媒介。为了发挥职官的作用，就需要治官，韩非所说的“明主治吏不治民”被封建皇帝奉为圭臬，正是在这样的文化背景下，中国古代社会很早便形成了以法治官的传统，以保证庞大的官僚体系正常运作。治官之法的内容主要是明职课责。早在《周礼》中便明定各级官员的职掌，至唐代《唐律疏议》《唐六典》唐令都对官吏的职掌作出明确的规定。明清会典也仿《唐六典》以确定官吏职掌为基本内容。

官吏职掌确定之后，考核官吏执行情况成为职官法的另一要点。宋苏洵说：“夫有官必有课，有课必有赏罚。有官而无课，是无官也。有课而无赏罚，是无课也”[①]。考课官吏之法始见于战国，即所谓“上计”之法，至唐代无论考课的等级、标准与奖惩都制度化、法律化，延至明清实行考满法和京察、大计。考课的标准有所谓“八法”考例，“六法”考例，定期举行，由专官负责，有时皇帝也亲自考课高官。考课的结果或升迁，或留任，或降级，或罢职。在政治清明时期，考课之法认真推行，取得了良好的效果。

为了监督百官履行职掌，严肃考察百官政绩，纠弹违法失职的官吏，从战国时起出现了专职监察官。中国古代的监察制度产生于中华民族文化土壤之上，具有鲜明的特色，是其他文明古国和中世纪西方国家所没有的。监察制度形成于秦汉，发展于唐朝，沿行至明清。甚至晚清官制改革，都察院保留不变，说明监察制度的重要。

综观中国古代监察制度对于维持国家纲纪，同时还协调百官在法律规定内运行权

---

① 苏洵.嘉祐集（卷十）。

力，起着制衡机制的作用，对于违法失职的官僚的纠弹也起着整肃官僚队伍的作用。孙中山先生有鉴于监察制度的历史作用，形成了他主张的五院制的“五权宪法”。为了确认监察官的权限，以及监察官所遵循的行为规则，汉以后历代都制定了专门的监察法，它是中国古代法律体系中的重要组成部分，而且不断完善，至清朝制定的《钦定台规》已达到法典化的水平。

六、重社会和谐，调解息争的法律传统

社会和谐是百姓生产生存的必要条件，社会和谐也有利于国家政策的实施和国家统治的稳定，成为国家富强的重要基础。因此，历代开明统治者都以构建和谐社会为国家的当务之急，为此采取各种经济的、政治的、法律的、文化的手段，建设和谐社会。调解息争就是其中之一。历代都以狱讼繁兴作为社会不和谐、不安定的表现，孔子说过的“听讼，吾犹人也，必也使无讼乎”[①]的理念对后世影响深远。调解息争成为讼简刑清，社会和谐的重要表现，是汉以后统治者极力推行的。

早在汉代便出现调解和息争讼的史例。据《汉书·循吏传》记载，刘矩为县令时，“民有争讼，矩常引之于前，提耳训告，以为忿恚可忍，县官不可入，使归更寻思，讼者感之，辄更罢去。”韩延寿为左冯翊时，“民有昆弟相与讼田自言”，韩延寿自责未能宣明教化，遂闭门思过。两昆弟深刻自悔，表示终死不再相争。韩延寿以此“恩信周遍二十四县，莫复以辞讼自言者。”[②]

唐代礼法结合进入新的阶段，司法官多以伦理为据调解争讼。有些著名良吏即便致仕回乡，民众仍然请其据伦理裁断，由此可见唐代调解息讼渐成风气。宋代调解称作“和对”。已有官府调解、乡曲亲戚调解、宗族调解之分，而且趋于制度化，《明公书判清明集》中即载有此类案例。发展到清代，调解息讼案件的形式开始多样化和规范化。清朝调解分为州县调解和民间调解两大类。州县调解又称堂上调解，带有一定的强制性。民间调解则为诉讼外调解，又称堂下调解，其主要形式有宗族调解、乡邻调解和基层保甲长调解，而以宗族调解最为普遍。调解息讼之后双方出具甘结，调解不成也允许告官审理。

---

① 论语·颜渊。

② 汉书·韩延寿传。

调解息讼之所以成为中华民族的优秀的法律传统，是和社会上稳定的血缘、地缘关系分不开的。同时小民唯恐一旦兴讼将为讼累，因此，官民之间两相情愿，使得调解息争的法律传统延续了千余年之久。

七、重情法两平，法理情贯通的法律传统

情法两平，是中国古代司法的价值取向。所谓“情”，泛指“人情”、“情理”，也有“情感”“情绪”“案情”“情势”之义。情法两平，既不失法律调整之意，又能顺应人情、情理，便于法律的推行。因此，为历代所重视。

所谓“理”，是“事理”、“理由”、“准则”之义，宋人更把“理”提升到“天理”的高度，“法”、“理”、“情”三者之中，法律是第一位的，为了严于执法，法律明文规定，断罪引律文，罪刑法定，违者长官要受刑责。但面对疆域广阔、社会关系纷繁复杂以及犯罪情节多种多样的现实，在执法断狱的同时，又不能不考虑到被民间所认可的情理与事理而有所变通。贞观五年，唐太宗曾经明确指出在“守文定罪”的同时，还要执法原情。他说：“比来有司断狱，多据律文，虽情在可矜而不敢违法，守文定罪，或恐有冤。自今门下省复有据法合死，而情在可矜者，宜录状奏闻。”[①]以执法严格著称的明太祖，也曾针对具体案件，屈法伸情。比如洪武八年正月癸酉，淮安府山阳县民有父得罪当杖，请以身代，太祖谓刑部臣曰：“父子之亲，天性也。然不亲不逊之徒，亲遭患难，有坐视而不顾者。今此人以身代父，出于至情，朕为孝子屈法，以劝励天下，其释之。”[②]

在古代的司法实践中，既援法，又考量了理与情的影响，形成了“执法”“准理”“原情”司法程式，这在《名公书判清明集》中有着大量的生动的体现。在司法中准理、原情，可以减轻推行法律的阻力，可以赢得社会的认同，产生了提高法律权威的积极影响。因此成为一项传统。在现存的古代法堂上，都昭然地揭示“天理、国法、人情”的警示，以勉励司法官敦行不殆。法情允协、法理融通，既不防碍法律的实施与尊严，又可改变法律僵硬教条的表象，便于广大群众的接受。

---

① 贞观政要·刑法。

② 明史·刑法志。

八、重援法断罪，罪刑法定的法律传统

先秦法家主张援法断罪，一断于法。《管子》中有云："法者，天下之程式也，万事之仪表也。"[①]《云梦秦简》中出现的"不直"、"失刑"、"纵囚"都是不援法断罪而招致的罪名。公元三世纪，晋朝的思想家刘颂提出了"律法断罪，皆当以法律令正文，若无正文，依附名例断之，其正文名例所不及，皆勿论。"[②]刘颂的主张当时亦有反对者，是否规定为律文，由于晋律已佚，不得而知，但从《唐律疏议》的明确规定中，可以看出其影响的深远。《唐律疏议》规定："诸断罪皆须具引律令格式，违者笞三十。"这可以说是中国古代的"罪刑法定"，显示了中华法制文明的灿烂。唐以后，《宋刑统》、《大明律》、《大清律例》皆沿用此规定，只是文字略有增减而已。特别是从唐朝起，法典中还规定"断罪不如法"的罪名，故意出入人罪者，处重刑；失出入人罪者，处刑轻于前者。为了使断罪如法，唐科举中，设"明法"一科，宋科举中设"刑法"一科。特别是宋朝，盛行读书读律的风气，苏东坡在给其弟的诗中说："读书万卷不读律，致君尧舜知无术"。明清时期以八股取士，入仕之官，多不习法知法，为了补救，法典中专设"讲读律令"之条。每年年终，考试内外官的法律知识，不合格者，或革俸，或降职。清代律学的发展，各类律书的出现，有些简易读本，如律学歌诀，律学图表等，便是官吏接受律令知识的法律读本。讲读律令法在嘉庆朝以后逐渐废止，州县官审判多倚重刑名幕友。

援法断罪、罪刑法定是中国司法一项悠久的传统。它在理论上和实践上的意义得到了国内外法史界的认同。

九、重自然生化，天人合一的法律传统

自然界的万物生成化育是人类生产与生活的必要条件，儒家所说的"天地之大德曰生"，[③]天地"以生为道"，[④]宋儒张载进一步论证了"儒者则因明致诚，因诚致明，

---

① 管子·禁藏。

② 晋书·刑法志。

③ 周易·系辞下。

④ 二程集·遗书。

故天人合一。”[①] 他所说“究天人之际，穷古今之变。”就在于如何建立天与人的和谐关系。表明作为个体的人，是和生生不息的自然界联系在一起，形成彼此和谐的共同体。

古人从实际经验中认识到尊重自然生化规律对人类自身发展的重要性。只有保护自然环境才能推动社会的发展，文明的进步。

在古代法律中很早便保护自然界的万物的生成化育，保持一种平衡发展的状态。《逸周书》说：“春三月，山林不登斧，以成草木之长”。《睡虎地云梦秦简》更以确切的法律资料说明“春二月，毋敢伐材木山林及雍（壅）隄水。不夏月，毋敢夜草为灰，取生荔，麛（卵）鷇，毋毒鱼鳖，置穽罔（网），到七月而纵之。”《礼记·月令》更在总结经验的基础上提出：“孟春之月……禁止伐木，毋覆巢，毋杀孩虫、胎夭飞鸟，毋麛毋卵。”

为了保持人与自然的和谐关系，自汉代在儒家思想指导下，形成了顺天刑罚、顺天理讼，并根据天象示警来调整国家政策。《春秋繁露》书中表达了“庆为春、赏为夏、罚为秋、刑为冬，庆赏刑罚之不可不具也，如春夏秋冬之不可不备也。”[②]

所谓顺天刑罚，就是司法活动合于天象，顺乎时令，并与阴阳相对应。《唐律疏议·断狱》规定：“诸立春以后、秋分以前决死刑者，徒一年。”该条疏议解释说：“依《狱官令》：‘从立春至秋分，不得奏决死刑。’违者，徒一年。若犯恶逆以上及奴婢部曲杀主者，不拘此令。”明清律中不仅有类似规定，而且还确定了应乎时令的热审和秋审。

所谓顺天理讼，就是民事案件的审理要与时令节气相合，农忙时节不受理民事案件，以免有误农时。唐令所规定的务限法就是顺天理讼在民事诉讼上的具体表现：“诉田宅婚姻债负，起十月一日，至三月三十日检校，以外不合。若先有文案，交相侵夺者，不在此例。”[③]《大清律例》中也有类似的规定：“每年自四月初一日至七月三十日，时正农忙，一切民词除谋反、叛逆、盗贼、人命及贪赃坏法等重情，并奸牙、铺户骗劫客货，查有确据者，俱照受理外，其一应户婚、田土等细事，一概不准

① 正蒙·诚明。

② 春秋繁露·四时之副。

③ （日）仁井田陞：《唐令拾遗》，栗劲、霍存福译，长春出版社 1989 版。

受理。自八月初一以后方许听断。若农忙期内受理细事者，该督抚指名题参。”

根据天人合一的自然主义观念指导则天立法、顺天刑罚、顺天理讼等立法、司法活动，成为中国古代法律的一个优秀传统，它是中华法制文明的具体体现。

结语

以上中华民族的法律传统充分体现了中华民族的智慧与创造精神，它具有独树一帜的特点和优点。正因为如此，它在相当长时期，被相邻国家所传承和奉行。也正因为如此，它在世界法系之林中始终占据一席之地。中华民族优秀的法律传统的价值，绝不限于历史范畴，它是具有现实意义的。尽管世易时移，但它所体现出的法文化，有些是有着超越时空的价值。传统经常是现实的出发点，不尊重传统的民族，是没有前途的。当然传统也要分析，吸取其精华，抛弃其糟粕，是对待传统的应有态度。而更为重要的，是提供科学的历史借鉴，为当前的法治中国服务。

作者简介

张晋藩

1930年出生，辽宁沈阳人。中国政法大学终身教授，博士生导师，中国政法大学法律史学研究院名誉院长。国家级重点学科法制史学带头人，享受国务院特殊贡献津贴，“全国杰出资深法学家”。曾为中共中央书记处讲授法制课，1996年和1998年两次为全国人大常委会讲授法制课。

主要研究方向为中国法律史。著作有《中国法律的传统与近代转型》《中华法制文明史》《中国监察法制史稿》《中国宪法史》《中国刑法史新论》《清代民法综论》《依法治国与法史镜鉴》等30余部，主编《中国法制通史》（十卷本，2003年获第三届中国高校人文社会科学研究优秀成果法学一等奖）《中华大典·法律典》《中国少数民族法史通览》（十卷本）等，发表学术论文300余篇。

读律：法律人历史使命之要求

——《唐律疏义文白读本》引论

钱大群

中国有一句总结为学经验、揭示学习规律的话，叫作“触类旁通”。就法学学科来说，触类旁通不存在部门法之间的壁垒，也无古今中外的鸿沟。唐代的核心法律典籍《唐律疏义》，是能勾起丰富联想的律学天地，是在各门法学学科中都可引发触类旁通的能源宝库。承上启下的《唐律疏义》，是中国封建律学精髓的集中体现，是我们对传统法律文化作批判继承所面对的一部最重要文献，阅读它，研究它，是政治家、史学家特别是法律工作者历史责任的要求。

一、唐律是古今众多政治家和学问家致力研读的律学大典

《唐律疏义》对今天的法学研究者及司法实务工作者来说仍具有极强的可读性，

这与《唐律疏义》这一部法典自身具有的特色分不开。这种特色就是律条与国家对其所作的解释错综地形成一体而且都具有法律效力。

唐代的刑律直到《永徽律》为止，其内容只有律条与较少的注文而已。《永徽律》制成颁布后，唐高宗李治主要考虑审判官们对律文理解不一，同一案件判断结果却大相径庭。同时，国家科举考试“明法”专业的考生，对律义的解答也缺少权威的依据，于是皇帝命令组成包括担任宰执大臣的政治家、立法专家以及一批法律实务官员在内的专门班子，对《律》(包括注）作系统的解释，称之为“义疏”。义疏与《律》缀连在一起，合称为《律疏》，都有法律效力，同样作为判案的根据。义疏中丰富的立法、司法及学理等法律解释的内容，让人们在律学之外，还可以反观唐代的司法制度、政治制度、经济制度、礼法制度、教育制度、徭役制度及军事警卫制度等重点内容。《唐律疏义》是人们读懂唐代甚至是整个封建社会的法律教科书，它之所以能引起历代政治家、律学家和学问家的研读兴趣绝非偶然。

明朝建立之初，丞相李善长等就认为刑律“至唐代则集其大成”，在制定明朝法律时竟建议“今制宜遵唐旧”，结果“太祖从其言”。朱元璋本人对唐律读得很认真，《明史·刑法志》记载：“洪武元年又命儒臣四人，同刑官讲《唐律》，日进二十条。”《唐律疏义》实有502条，每天读20条，要持续25天才能读完。朱元璋作为日理万机的皇帝，特别在立国之初，竟决心做这件事，这足以说明唐律在明朝立法者心目中的地位及其本身具有的可读性。

历史上认真研读唐律的政治家与律学家，他们并未如某些人臆想的那样，会陷入读死律，死读律，知识领域狭隘，无自己创见的境地。带头认真读唐律并准予立法“依唐旧”的朱元璋，在其制定明律时，根据国家当时的境况，在唐律的基础上，减轻了对礼制犯罪的刑罚，加重了对政治、经济犯罪的刑罚，果断地确立了立国之初治乱世用重典的刑事方针政策。担任清朝刑部尚书的薛允升是著名的律学大师，徐世昌在为刊刻其《唐明律合编》所写的序言中赞其“一生服膺唐律”，并介绍薛氏自谓平日研究明清刑律，在“有所未了，考之群书，稽之故牍，犹未洞彻”的情况下，往往“及就唐律求之，则事理炳然”。清朝另一位研读唐律的大家是沈家本。沈家本先后校勘过不同版本的唐律并为之写序。他曾任清末的刑部左侍郎并在法制改革时被委以修订法律大臣的重任。这位在中国近代法制现代化过程中曾处于风口浪尖上的人物，在古与今、中与西法学关系的处置上，绝对不因其精研唐律、推崇唐律而使自己陷于偏执，而是对古今中外学识间的关系，在理论上处置得相当妥帖。其在《寄簃文存》卷六《裁判访问录序》一文中说："夫古法之不同于今，非必古之不若今，或且古胜于今。而今之人习于今之法，一言古而反以为泥古，并古胜于今者而亦议之。谓古法之皆可行于今，诚未必然；谓古法皆不可行于今，又岂其然？西之于中，亦犹是耳。"并在同卷《薛大司寇遗稿序》中说："当此法治时代，若但征之今而不考之古，但推崇西法而不探讨中法，则法学不全，又安能会而通之以推行于世？"

中国20世纪中叶的著名国学大师陈寅恪先生，也是唐律研究中一位给后代留下重要影响的人物。他在其名著《隋唐制度渊源略论稿》"刑律"章中所表述的重要观点，可称是不可撼动的宏论："元魏之律遂汇集中原、河西、江左三大文化因子于一炉而冶之，取精用宏，宜其经由北齐，至于隋唐，成为二千年来东西刑律之准则也。"这是唐律在律学继承关系及其在世界律法之林中所处地位的重要结论。又如："律令性质本极近似，不过一偏于积极方面而已。……夫汉代律令区别尚有问题，但本书所讨论之时代[①]，则无是纠纷之点。"这是关于唐律与唐令关系的精辟而深刻的论断。陈氏关于唐律的律学渊源及其在唐代法律体系中地位的论述，在广阔的视野中为后学者理清脉络，是这位大师在研究唐律上所作出的贡献。

二、清末革除封建酷法时唐律曾作为正面史例被引证

在中国法制现代化的初期，清末封建酷法得以去除，并且制定出包括宪法大纲、刑律在内的一系列新的法律，在法制改革上迈出了一大步。但作为法制现代化的启动，向当时的酷法实行冲击时，唐律在当时改革派的手中，往往被作为正面的史例列举，以支撑他们的改革主张，这真所谓出人意料却又在情理之中。

唐律制定在封建社会的上升时期，主要代表中小地主阶级的利益，表现了当时统治集团的进取精神。后来唐律被作为清末法律改革家的理论支撑，还不只是一般地表现在法学学术讨论层面，而是在形式及内容上都被推到了政治层面上。作为修订法律大臣之一、主持法制改革实务班子的沈家本，在其写给朝廷的奏折中，常以唐律作为提出建议的依据。《删除律例内重法折》是沈家本与伍廷芳共同奏请废除死刑凌

① 此处之"时代"是指陈氏论述唐律渊源所涉及之魏、晋、南北朝及隋、唐的历史阶段。

迟、枭首、戮尸的残酷形式，废除缘坐以及废除刺字之刑的重要刑法改革方案。在论述凌迟等死刑残酷形式之源起及作比较的评论中，沈家本都以唐律中的制度作为正面典型举例。他说："且刑律以唐得中，而唐律并无凌迟、枭首、戮尸诸法"；"顾有唐三百年不用此法，未闻当日之恶者特多。且贞观四年断死罪二十九，开元二十五年才五十八，其刑简如此。"在涉于奏请废止缘坐的部分说："唐律惟反逆、恶逆、不道，律有缘坐，他无有也。"他对清律中的缘坐与唐代作比较说："今律则奸党、交结近侍诸项，俱缘坐矣；反狱、邪教诸项亦缘坐矣。一案株连，动辄数十人。"沈家本对清律中的凌迟、枭首、戮尸评论说："乃自用此法以来，凶恶者仍接踵于世，未见其少，则其效可睹矣！"对此奏折，最后上谕完全照准，并决定："现在改定法律，嗣后凡死罪至斩决而止。凌迟及枭首、戮尸三项，著即永远删除。"在其建议减少监候死罪条文的《虚拟死罪改为流徒折》中，沈家本肯定唐律对戏杀、误杀罪区分及处置时得当说："考之唐律，戏杀、误杀各按其当场情形，分别徒、流，并无死罪。擅杀分勿论[①]及徒、流、绞四等，亦不概问死罪。"他同时抨击清朝的制度说："中国现行律例，不分戏、误、擅杀，皆照斗杀拟绞监候……现当综合名实，并审繁重之际，与其空拟绞，徒事虚文，何如径改为流俾归简易。"

沈家本常常从法律对比的角度阅读唐律并书写心得体会，而这又成为其修订法律的推动力之一。如在其为主张行贿人与受贿人双方在刑罚上不应相同而写的《与受同科议》，就是以同一犯罪，比较唐、明、清三朝律例，提出优劣的评论。沈家本先指出《唐律疏义·职制律》中监临受财而枉法、受财而不枉法及监临势要受财，三种罪名刑罚各有等差，其高限分别是绞刑与加役流。这三种共同犯罪的另一方"与财者"即行贿人，其处罚是"坐赃论，减三等"，在幅度上比受贿一方要轻许多。可明律首先使"受财不枉法刑罚之高限进入死刑"，同时，三种犯罪中的行贿方的处罚是"计所与财"坐赃论，而不再有唐律中"减三等"之规定。而清律在明律的基础上又加重，其办法如沈氏所言，"今《例》[②]，凡有以财行求及说事过钱者，皆计所与之赃，与受财人同科"，就是竟让行贿者与受贿者同样处罚。沈家本评论清朝的做法说，"自定

① 当指《唐律疏义·斗讼律》卷第二十二（总第329条）"子孙违犯教令""过失杀者，各勿论"；同卷（总第322、324条）部曲、奴婢"其有愆犯，决罚致死及过失杀者，各勿论"等的规定。

② 参见《大清律例·刑律·受赃》"有事以财行求"条下之《条例》。

有此例，而死罪遂多，不独较唐律为重，较明律亦重”；“情罪轻重，自有等差，乃轻重等差一概不论，古人立法，恐不如是之武断也！”他最后的结论是：“此条例文，亟应修改。应照平允。”沈家本在赌赂罪刑罚的处置上，肯定唐律作区别的合理性，否定明、清律不加区分的乖谬，从今天刑法学的原则看也是正确的。

三、忽视对唐律律学成果的汲取明清两代有其教训

自唐代之后，论者涉于律学，多称说唐律的“得其中”或“得折衷”。这种评价，不但是刑罚种类及幅度上的比较，而更多地是指诸多犯罪特别是重大犯罪由其具体制度体现出的犯罪构成理论提升上的得当。如唐律中隶属于《斗讼律》的“故杀”、“斗杀”，及隶属于《贼盗律》的“谋杀”等基本制度，就属于这种性质的制度与理论。

关于“故杀”与“斗杀”的关系与概念，尤其是工具使用对犯罪性质的影响，在唐律中一直是清楚地解决了的。《唐律疏义 · 斗讼律》卷第二十一（总第 306 条）说，“诸斗殴杀人者，斩。虽因斗，而用兵刃杀者，与故杀同。”疏文说：“以刃及故杀者，谓斗而用刃，即有害心，及非因斗争，无事而杀，是名‘故杀’，各合斩罪。”但是，就是这一个“律学”问题，明、清两代刑律的制定者及一些律学家，由于并未潜心地领略到唐律这项制度的要领，两朝的刑律在这一类案件上，几乎都形成偏差，放脱了大量的“故杀人”犯罪，造成了严重的法律后果。薛允升在其《读例存疑》中，对清律“斗殴及故杀人”条中关于“斗”及“故”存在的问题作揭示说：“今律不问手足、他物、金刃，并为斗杀，而以临时有意欲杀，非人所知为故杀。”同时，在其《唐明律合编》中对此作分析指出，原来上述清律中有“问题”的前一句，出之于明律“斗殴及故杀人”之正条：“凡斗殴杀人者，不问手足、他物、金刃，并绞。故杀者，斩。”而其后一句，是来之于清律本身“斗殴及故杀人”条目下之注文：“此律目下有：独殴曰‘殴’，有从为同谋共殴；临时有意欲杀，非人所知曰‘故’。共殴者惟不及知，仍只为‘同谋共殴’等语。”

薛允升推断，清律的“问题”注文，来之于明朝雷梦麟的《读律琐言》（简称《琐言》）及王肯堂的《律例笺释》（简称《笺释》）：“愚按：原律并无此注，不知起于何时。《琐言》……云，‘言故杀者，故意杀人，意动于心，非人之所能知，亦非人之所能从’云云。‘临时有意欲杀，非人所知曰故’之注，似本于此。《笺释》亦同。”

他指出明律这种做法所引起之严重后果说："自'不问金刃、他物、手足并绞'之律行，而故杀中十去其二三矣。自'临时有意欲杀，非人所知曰故'之律注行，而故杀中，又十去其二三矣。近百十年以来，斗殴案内情节稍有可原者，秋审俱入于缓决，是以前之应以故杀论者，今俱不实抵矣。每年此等案件，入'情实'者，不过十之一二，虽系慎重人命之意，然杀人不死，未免过于宽厚矣。"沈家本在其《寄簃文存卷二·论故杀》中曾针对《明律》对清朝的影响说："自明律以金刃杀人者与他物、手足同科，势不能以有无害心为'斗'、'故'之界限。又删故伤之律，即同谋共殴，亦与斗杀同论，而无'故杀伤'一层。其后，解者遂谓'故意杀人，意动于心，非人所知'，顺治年间，遂将此意纂入《律注》，并以共殴之案，必有在场动手之余人，又以'临时'二字，以区别之。于是'临时有意欲杀非人所知'十字，奉为'故杀'确不可易之注解，二百数十年来，法家治律，无敢为异议者，有司治律，亦准以科断，不能稍越范围。直至薛氏，始议其未允。"沈家本认为"故杀"概念，必须是在接受《唐律》成果的基础上吸收西方刑法理论彻底解决："今若融会《唐律》及英、日刑法之意，明定界限，自可尽祛疑惑。"

四、苏轼不是"读书不读律"的鼓吹者

"文革"结束之后，特别是改革开放以来，法律教育事业和法学科研事业迎来了春天，忽视研读传统经典的倾向得以逐渐扭转，史学界与法史界读研古代经典的人日益增多，出现了研读包括唐律在内的古代经典的新气象。治法史不研读律典与法典，形同于无源之流，无本之木，必陷于无根本而衰竭。

但是，相当长的一个时期以来，史学界与法史界内一些人，有意无意间，以讹传讹，谓宋代的苏轼就是主张"读书不读律"的。清朝进士、经学大师孙星衍于嘉庆十三年（1808年）所写《重刻唐律疏议序》中，认为"有司不通律学，则奸吏因缘为市"，致使国家"损伤元气"，紧接着居然感慨地说："始知苏轼'读书不读律'之言非通论也。"于是，出于学者之口，而且是写在刊刻唐律序文上的苏轼主张"读书不读律"的说法，随着孙氏这篇序文的流传而散布。所谓"读书不读律"，源出苏轼戏致其弟苏辙（子由）七言古风《戏子由》三十句中"读书万卷不读律，致君尧舜终

无术”两句。[1] 正确地理解这两句诗文的含义，当联系苏轼的生平历史及诗句的写作背景分析。首先，苏轼本人是个“读律”者，而不可能是个“不读律”之人。苏轼曾任过专门断案的大理评事、大理丞和中丞等职务，任过与律法关系十分密切的礼部的侍郎与尚书。他还多次任过地方州府的判官、通判与知州，在当时政刑合一的体制下，审案是这些官员的重要职责之一。苏轼的这种经历，“不读律”绝对不可想象。同时，也是最重要的，《戏子由》诗于熙宁四年（1071年）写于杭州，全是以戏谑嘲讽的风格抒发遭压抑外放后心中的怨愤之情。据《苏轼诗集》的辑注者王文诰所引唐代沈全交《嘲诮词》“评事不读律，博士不寻章”及《三国志·魏志·陈矫传》“子本不读法律，而得廷尉之称”等语句可知。苏轼诗中“读书不读律”两句，其怨愤之情所包含的内容：一是用典故进行讽嘲历史上不学无术的无识者常得到重用，而饱学之士反而报国无其位；二是表示道不同不相与谋的意向，言对王安石为首的变法派重法轻儒的极端做法，不能苟同，认为只有实施儒家仁政，淳厚民风，才是根本的“致君尧舜”之“术”。上面两种表意，可能是其中之一，可能是两者兼而有之，但就不会是提倡即使“读书万卷”也“不读律”的主张。苏轼因政见不合而抒发“致君无术”的怨愤之诗，远不止这一首，就是因他多次在诗中讥刺政事，以致在元丰二年（1079年）受到御史台的弹劾，酿成了所谓的“乌台诗案”，险些丢了性命。如果一定要把苏轼曲折地、艺术地以反讥之笔表达怨愤之情的诗句，认定其为提倡“不读律”，那么我们在这首诗中还可找到这位大文豪宣扬“读书作文无用论”的“罪状”。因为就在这首诗的最后苏轼还对其弟苏子由说，读书作文，雕虫小技，实不足道：“文章小技安足程，先生别驾旧齐名。如今衰老俱无用，付与时人分重轻！”事实是苏轼当时才36岁，作此诗后，仍继续读书作文三十年。对苏轼“不读律”之言，后代文人皆知其为讥刺而已，而非劝阻读律，故多作为调侃之资。如清代学者钱泰吉于咸丰五年（1855年）在海宁蒋寅昉兄弟家发现宋刻之《律附音义》“惊为目所未睹”，在其自言于“东坡生日”那天写的《跋》中说：“余不读书亦不读律，少无杜陵、稷契之志，今既衰老，益不能用东坡之言。”但他却同时热心地“嘱寅昉多写数本，以广流传”。苏诗中所作“不读律”的讥刺与幽默，与是否读当时唐宋古律不是一回事。苏轼与其政敌的分歧，主要是在使用广义上的法律即“致君尧舜之术”方面的分歧，而不是在

① 参见《苏轼诗集》第2册，中华书局1982年版，第324页。

“读律”与“不读律”上的分歧。我们不应把苏轼作为“读书不读律”的旗帜，尤其不应在新时代对传统法律的批判继承中作为忽视研读古律的一个高雅借口。

2006 年 5 月于南京秦淮河畔紫金塔下港龙寓所

2016 年 8 月重新审定

作者简介

钱大群

南京大学法学院教授。曾担任中国法律史学会第五届执行会长，被聘为江苏省人民政府参事。1993 年起终身领取国家有贡献者津贴。主要著作有《唐律与唐代法制考辨》《唐律疏义新注》《中国法制史教程》《中国法制史通解》等。

中华法制
具有独特精神和灵魂的文明符号[①]

侯欣一

中国是一个拥有数千年法制文明的国度。法制传统源远流长，历经数千年而不曾中断，在人类法制的历史上独树一帜。在保佑中华民族生存与发展的同时，亦为人类的法制文明做出了重要贡献。

一、历史梗概

中华法制文明的产生、发展及其演变经过了如下几个阶段：

第一，产生于夏商周时期。

早在远古时代，在广袤的中华大地上我们的先民就已在此定居、生活和繁衍。人是一种群体性动物，只有借助社会组织才能生存。人又是一种差异性极强的动物，有差异就意味着有矛盾。同时，有限的资源和人类对财富的无限占有欲望也决定了人类之间的冲突不可避免。因而只要有人类就自然有人类组织，而有组织就必须有规矩，可谓无规矩不成方圆。部落时期，由于生产力水平低下，社会关系简单，人们按照血缘关系组成氏族进行生活，而氏族的安宁则主要借助日常生活中约定俗成的习惯来维系。

据传世文献记载，到原始部落的后期，即传说的三皇五帝时期，由于氏族部落间的战争和经济的发展，作为一种社会治理手段，法律开始渐露端倪，并一点点积攒着自己的能量。法律制度是与国家相互伴生的。只有当一个民族和地区进入国家形态后，法律制度才有更大的发展空间。夏商周时期，法制在中国已有了制度化的雏形。

① 刊载于《中国审判》2017年第11期。

表现为：

称呼的确定。中国人最早将法律称之“刑”。“刑”字的本意有二，斩杀、砍礫，引申为刑罚及刑罚制度；铸造青铜器之模范，引申为规范和标准。从产生的角度讲，中国最早的“刑”应该与战争关系密切，即古人所谓的“刑起于兵”。至春秋战国时期，古人将“刑”改称为“法”和“律”。“法”原写作“灋”，左面是三点水，右面上部是廌。廌即獬豸，一种传说的独角神兽，性古怪见到高低不平之处，就会用其独角将高处抵平。灋字的下部是去，合在一起寓意灋须公平，平之如水。“律”字含有整齐、统一的成分。“刑”“法”“律”三字代表了中国古人对法律的认知或理想：法律是一种用以惩罚犯罪的工具，使用上要公平。

关于法律的记载增多。如《左传》记载“夏有乱政而作禹刑”“商有乱政而作汤刑”“周有乱政而作九刑”等，禹刑、汤刑、九刑分别是夏、商和周法律的总称；见诸于文献的刑罚的种类有墨（在人犯的脸上刻字）、劓（割鼻子）、刖（剁腿）、宫（去势）、大辟（死刑）等；还有了关押人犯的监狱；此外，出土的文物中也发现了一些与法律事务有关的实物。如在出土的西周青铜器上刻铸有贵族之间签订的民事合同等。

司法实践实行神明裁判。人类早期，由于科技文化落后，民众普遍相信有神灵，且相信神公正严明，因而世界各国早期司法实践普遍采取神明裁判，中国也不例外。相传舜为天子时，皋陶为士，主管审判。遇到疑难案件不能决，则以獬廌触之，有罪则触，无罪则不触。这即后世以獬廌代表法官的缘由。而史料证明中国早期的神明裁判主要是通过占卜的方式进行。即将一片牛的肩胛骨或乌龟的背甲放在火上烧烤，骨头经火烧后会产生裂纹，再由宗教教职人员根据骨头裂的纹路判断被告是否有罪。夏商两代是中国历史上最为典型的神判时期。

更为重要的是伴随着诸子百家的出现，特别是经过儒家、法家等对法律问题的思考和解释，具有中国特色的法律思想也开始形成。

第二，秦汉时期，中华法制文明初具雏形。

经过夏商周的发展，至秦汉中华法制文明具备了基本雏形。有了较为系统的成文法典。战国以前，中国传统的法律以不成文的习惯法为主，战国以后则进入成文法的时代，魏《法经》，汉《九章律》等纷纷出现。《法经》系由战国时期魏国的李悝所制

张家山汉简

定，为日后中国成文法典之蓝本。此外，1975 年在湖北省云梦县出土的《云梦秦简》，经学者整理后认定其中绝大多数简文为秦国的法律。《云梦秦简》内容丰富，制定具体和细致证实了传世文献中有关秦国“一切皆有法式”的记载。最近几年各地又陆续出土了一批汉代竹简，如《张家山汉简》等，其中亦包含着不少法律条文。

法律的调整范围不断扩大。中国早期的法律以刑事法律为主，重在打击各种危害人身和财产安全，以及危害王权的犯罪行为。秦汉时期法律调整的范围逐渐进入经济和文化领域，如云梦秦简中就有许多用以规范经济秩序方面的条文，甚至还有了各种工商产品的国家标准等，法律在国家治理中的作用逐渐扩大。

实现了由神判到人判的彻底转变。西周以降，神权思想衰落，人文主义兴起，审判活动亦摆脱了神判，开始由人自己解决自己的纠纷，于是诉讼制度和审判制度日益成型。

法制指导思想最终确立。中华法制文明诞生后，经历了神权思想、礼制思想、法家思想和道家思想的浸润，至汉代武帝罢黜百家，独尊儒术，儒家思想最终成为了中国传统法律的正统指导思想。换言之，自汉代中叶后，中华法制文明才真正有了自己独特的精神和灵魂。

第三，唐宋时期高度完备。

高质量的法典，如制定于唐高宗永徽年间的《永徽律》共十二篇，《名例》《卫禁》《职制》《户婚》《诈伪》《廐库》《贼盗》《擅兴》《斗讼》《杂律》《捕亡》《断狱》，五百零二条，为中国历史上现存的最早法典。该法典文字精炼、内容丰富，体例完备，法律条文和解释合一，立法技术达到了较高的水准。此外，制定于唐玄宗开元年间的《唐六典》亦被一些学者称之为传统中国最早的行政法典。

司法制度逐渐定型。从秦到唐国家实行县、州、中央三级行政区划。唐代中央政府设有三大司法机关：大理寺（主管审判、具有国家最高审判机关的性质）、刑部（主管司法行政和案件复查。唐代的刑罚分为笞、杖、徒、流、死五种。笞、杖属轻微的案件，县级衙门即可终审。为慎重刑罚，唐律规定全国各级衙门判决的徒刑以上案件，不管当事人是否服判，都要上报中央刑部逐一复查。如发现问题，发回原审机关重审，没有问题，死刑案件上报皇帝批准，徒刑、流放案件终审。专门设立复查机关，与审判机关相互制约，可以在一定程度上减少冤假错案）和御史台（御史台管监督）。一个审，一个查，一个监督，制度设计独特和严密；地方上则司法和行政不分，即由各级行政长官兼理审判。这一体制一直延续到中国传统法律解体。

影响至周边的国家和地区。日本法学家岛田正郎在其所著的东洋法史中公开指出：中国法系对于周边诸国之后进法文化，具有母法之地位。在周边法文化后进之国家，中国之法体系被全部继受，或稍事修改，而成为诸国立法之基本资料者，首推唐代法。

第四，逐渐式微。

明清时期，伴随着高产农作物的引进，中国人口数量开始巨增，人口的流动同时加快，社会治理的难度和复杂程度大幅提高。然而，与唐宋时期的法制相比，明清的法制在大的框架方面变化不多，更多是在局部继续发展和完善。如由于整个社会财产流转的规模和速度加快，有关财产权保护方面的民事法律制度越来越被社会各方所重视；司法制度也越来越精细。仅就技术层面而言高度完备则意味着封闭，而封闭则难以避免式微。此外，明清以降，已完成工业革命的西方诸国商人和传教士为了对外输出产品和信仰，借助先进的交通工具不远万里来到中国，西方近代法制文明亦相伴而来。西方近代法律文化中强调的权利、人权、平等、自由、民主等理念对中国传统法

《大清律例》

制文明产生了巨大的冲击。在漫长的历史长河中，中国周边的国家和地区的法律文化发展程度大都低于中国，客观上使中国缺乏与其他大国和强势文化打交道的经验，面对着强势的西方人和西方近代法制文明，中国传统法律制度表现出明显的不适应。

第五，艰难转型。

为了与西方近代法制文明接轨，当然也是为了适应中国社会自身转型的需要，清廷着手对中国传统法律制度进行改革。1902年3月11日，清廷正式下诏修改现行律例："中国律例，自汉唐以来，代有增改。我朝《大清律例》一书，折衷至当，备极精详。惟是为治之道，尤贵因时制宜，今昔情事不同，非参酌适中，不能推行尽善。"

中国传统法律制度开始了艰难的转型。转型大致可以分为两个阶段，晚清全面规划和民国具体实施。晚清到民国的法制转型是国家权力结构的重构，不局限于法律制度层面。就过程看，近代中国的法制变革主要继受的大陆法系国家的法律制度，而对中国传统的法律制度保留极少。

二、基本特征

中华法制文明在数千年的发展演变过程中形成了自己鲜明的特征，在世界法律制度史上占据着独特的地位。

第一，精神层面。

一是追求人与自然、与群体的和谐。在人和自然的关系上，中华法制文明主张顺应自然，天人合一。"天"在传统中国的汉字里具有多重含义，如物质之天，即天空；主宰之天，即天神；命运之天，即天命；自然之天，即天性；义理之天，即天理。从法律文化的角度讲，"天"更多是指自然，天命和天理。为此，立法上强调"则天立法”，如《逸周书》中记载：“禹之禁，春三月，山林不登斧，以成草木之长；夏三月，川泽不网罟，以成鱼鳖之长”，即春天禁止砍伐树木和打猎捕鱼。司法实践中强调审判活动和处罚人犯不得违背节气时令，《唐律疏议》中规定每年立春以后至秋分以前，有处决死刑犯的，主事者要判处徒刑一年。停刑日之外，还有停审日，如《清史稿·刑法志》记载，“每年正月、六月、十月及元旦令节七日，上元令节三日，端午、中秋、重阳各一日，万寿圣节七日，各坛庙祭享、斋戒以及忌辰素服等日，并封印日期，四月初八日，每月初一、初二日，皆不理刑名。然中外问刑衙门，于正月、六月、十月及封印日期、每月初一日二等不尽如例行也。其农忙停审，则自四月初一日至七月三十日，一应户婚、田土细故，不准受理，刑事不再此限。以求与时令相符。

人际关系方面，中华法制文明提倡礼让，主张不同而和，主张适当放弃个体的权利换取群体的和谐。中国古人承认人与人之间的差异，承认作为个体的人应该有其存在的价值，但与此同时又深知，人是生活在群体之中的，没有群体的安宁，群体对个体的认同，个体很难有真正的幸福。而要想获得群体的安宁，每个人就必须放弃一些个体的权利，不能遇利则争。

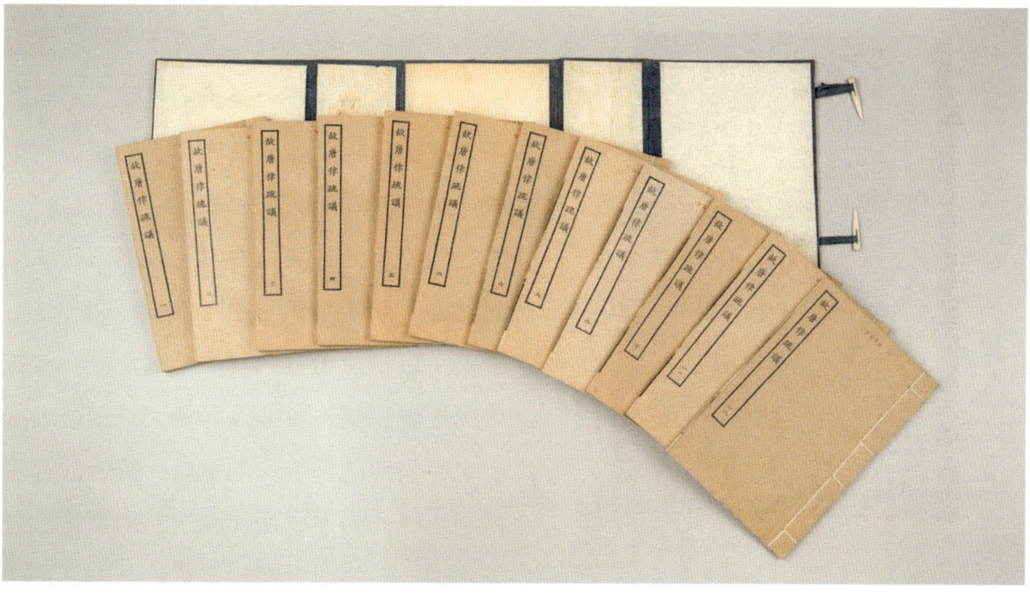

《唐律疏议》（20世纪80年代新善本）是东亚最早的成文法典之一

二是重视家族本位。重视血缘和家族是传统中国最为重要的社会现象之一。夏、商、周三代家国不分，即便是秦汉以后帝制中国已构建完成，但国与家在精神上仍然融通。与此相适应，宗法伦理也就成了支配中国人精神活动的价值渊源之一。历代统治者不仅主张“以孝治天下”，还千方百计地将处理家人之间的伦理规则上升为国家的法律制度，如亲亲相隐（近亲属间可以相互包庇）、存留养亲（死刑犯父祖年老，家中再无成年男子供养，在符合一定条件下可以先令其回家服孝）、族诛连坐、父母在子女不得别籍异财等。

第二，制度层面。

立法上强调礼法合一。礼原本是中国古人用以处理父系家族人际关系的主张和规则，起源于部落时代的后期。由于传统中国家族势力强大，进入文明社会以后，礼不但没有消亡，还被新出现的国家所接受和改造。至西周，礼逐渐制度化，成为一种用以调整宗法社会血缘组织和政治国家的普遍和基本规范。礼的最大特点是重等差。其内容包罗万象，但其核心理念则是君敬、臣忠、父慈、子孝、兄友、弟恭等道德信条，用以正父子，定夫妇，序长幼，分君臣，明尊卑，别贵贱。战国以后，法受到了执政者的重视。但儒家坚持认为法律不过是一堆毫无生命的条文和制度，必须以礼为原则和指导，由此开始了礼法的结合。当然，中国古人亦强调礼也需要借助法律来实现。礼法结合是个漫长的过程，不同时期，不同阶段其表现形式也不尽相同，至唐律，这种结合终于完成。

《明会典》刊印于公元1587年（明万历十五年）

刑法和官制法高度发达。就立法成果而言，传统中国刑法和官制法高度发达，相反民事法律制度则发展不够充分。传统中国地域辽阔，各地差异极大，国家的统一主要借助的是统一的军队、统一的官僚体制、统一的刑事法律和统一的文化。传统中国，历朝历代都制定有统一的刑事法典，如法经、秦律、汉九章律、唐永徽

《钦定大清会典》

律、宋刑统、大明律、大清律例等，且对此高度重视，视为维系国家和社会安全的重要手段。刑事法律之外，绝大多数朝代还都制定有名目繁多的官制法，如唐六典、明会典、清会典，以及则例等等，对各级官府和官吏的职权进行详细规定，确保庞大帝国的政令畅通。然而，与百姓日常生活最为密切的民事法律，除婚姻家庭制度外，则很少通过成文法加以规范，主要借助礼制、民间习惯来加以规范。

司法方面，传统中国集权思想盛行，缺乏分权观念，加之行政权力过大，因而数千年中一直没能创设出独立的司法机关，司法审判由各级行政长官兼理，这种体制在地方表现得尤为明显。审判是一项专业化很强的工作，传统中国各级地方政府的行政长官大都是经过科举考试精选出来的，精英治国特征明显，但毕竟缺乏法律专业知识和经验，因而，审判的侧重点并非完全是听诉决狱，而是严明教化。此外，受和为贵文化的影响，厌诉观念流行，官府大都主张通过调解的方法来解决纠纷。传统中国大多数民事纠纷，以及一部分刑事案件是以调解的方式得以解决的，为此发展出了一整套有关调解的方法和技术。

监察制度发达。传统中国监察制度是与君主专制制度同步产生的，它一身而两任，既服务于君主个人，又是国家正常的监督机关。抛开性质不谈，仅就技术层面而言许多经验值得我们关注。如监督组织垂直领导，不隶属于任何组织，只对皇帝个人负责，依法监督。早在汉代制定了单行的监察法规《御史九条》和《六条问事》，此后历代均制定了繁多的监督法规，如唐代的《六察》、宋代的《考课令》、明代的《风宪总例》等等，为监察机关的运行提供了法律依据；监察方式多样。如派监察人员进驻监督单位日夜监督的驻察、派监察官员对被监察对象定期或不定期的巡视，两者结合相得益彰。此外，传统中国一些朝代还专门设有言官，负责谏诤朝政，即对君主的言行、政事得失进行规正；监察官员权力极大，中国古代监察官员的权力大致可以归纳为弹劾权、谏诤权、封驳权、审计权、司法权和处置权等，深入到权力运行的各个环节，因而极为有效。

三、形成的原因

第一，特殊的地理环境。

中华民族自古以来就生活在东亚大陆，东部是浩瀚的海洋，西部是一望无际的高原。在科学技术较为落后的古代时期，这种地理环境极大地限制了中华民族与其他民族的交往。因而，中国传统的法律制度完全是为了解决自己民族的需要，按照自己的文化来创制的，它所使用的语言，所关注的问题，以及解决问题的方式都是独特的，形成了一个高度自洽的知识系统。

第二，农业文明的产物。

中华法制文明产生于农业文明基础之上，深受农业文明的影响。农业民族以土地为生，安土重迁，累世而居形成特有的熟人社会。如何治理这种宗法国家、熟人社会，唐《永徽律》在开篇中给出了明确的答案“德礼为政教之本，刑罚政教之用。”此外，中国传统农业生产是以家庭为单位来组织的，即男耕女织，并非大农业。由于农业生产规模小，产品数量有限，只能用于自我消费，而非交换。商品交换的不发达，导致有关民事和商事方面的法律制度缺乏产生的动力，因而传统中国民事和商事活动更多是靠民间习惯进行调整。农业生产技术复杂，没有一定的年龄很难真正掌握，因而，农业民族大都有敬老的传统，社会风气和法制偏于温和与保守。

第三，儒家文化的影响。

儒家文化的影响。儒家文化是传统中国的主流文化，对国家及社会有着极大的影响。儒家谈论政治和法律，不仅专在治国和治人，还在平天下。这种对政治的定位养成了中国古人博大的胸怀和较大的格局，关心的问题也都较为大气和方正。如中华法制文明重教化，追求的是心悦诚服，而不是靠暴力强迫人折服。孜孜以求的是如何能使人摆脱动物的属性，成为君子。至于如何实行教化，儒家认为最好的办法就是君主以身作则，因而中国历代政典对于君主的德行都有极高的要求，如君主必须爱民，经济上轻徭薄赋，法律上刑罚适中，反对重刑。

作者简介

侯欣一

中国法律史学会执行会长、天津财经大学近现代法研究中心主任。主要研究方向为中国近现代法律史和中国传统法律文化两个领域，承担或参与过多项国家级科研项目。主要著作有《邓小平法律思想研究》，《中国法制通史－现代卷》（合著），《中国法律思想通史－现代卷》（合著，获1998年陕西省人民政府优秀社科成果一等奖），《文明的脚步——丝绸之路繁荣与法律文化研究》（合著），辞书：《帝王辞典》（合编，获1988年全国优秀图书奖）等。

鼓浪屿会审公堂的法治文化思考

——前现代的分析视角[①]

吴旭阳[②]　陈　琳[③]

会审公堂是鼓浪屿在20世纪上半叶作为国际公共社区时代的审判机构。会审公堂的前身是清政府所设立的治理机构。同治十年（1871年），兴泉永道开始在鼓浪屿设立通商局，专门处理通商交涉事宜，兼理轻微诉讼。光绪十三年（1887年）增设保公所，兼理诉讼。在许应骙担任闽浙总督时，将该所改为"洋务局"。1902年，清政府主动提议将鼓浪屿辟为国际公共社区，则又将"洋务局"改为"会审公堂"。

在学术讨论上，许多专家学者将鼓浪屿定位为租界，而将会审公堂定位为西方殖民者侵犯中国司法主权、压迫中国人民的一个机构。笔者通过对于鼓浪屿治理史和会审公堂法治资料的研读，以及结合西方中世纪中后期的前现代治理理论，认为鼓浪屿与上海等地租界存在较大的区别，鼓浪屿更多地应该被看作是一个国际公共社区。而鼓浪屿会审公堂与上海会审公廨相比，更主要是作为中国的司法机关而运行。

一、会审公堂属于中国的司法机关

会审公堂作为中国的司法机关，主要有以下几个方面：

1. 会审公堂是中国政府设立的司法裁判机关。《厦门鼓浪屿公共地界章程》（下文简称为《地界章程》）第十二条中规定，由中国政府"查照上海成案"设立会审公堂。其审判人员则由地方政府（厦门或福建）委派；在民国时代，则由中央政府的司

---

① 刊载于2017年《鼓浪屿研究》上半年号。

② 吴旭阳，法学博士，现为厦门大学法学院副教授（邮编：361005）。

③ 陈琳，法学硕士，江夏学院法学院副教授。

法部和外交部委派，并由福建地方政府加委。与上海的会审公廨相比，厦门的会审公堂更能体现中国的主权，会审公堂一直都是中国的司法机关。而上海的会审公廨却从辛亥革命之后，完全被西方所控制；其成员变成西方领事所选任。而巡捕一般也会依照领事的意见进行执行，甚至只视陪审官（领事）的意见为有效，否则不予执行。

而在鼓浪屿的会审公堂，各国的领事或副领事前来观审时，通常坐于堂长的右侧，并不参与审判，但是可以发表意见。而在事实上，从1926年起，所有非涉外的违警罪案件都是由中国堂长单独审判，并未有外国领事前来观审。

这里不得不提到的一个事件是“会审公堂被封事件”。即1914年年2月，鼓浪屿发生了龙头街抗暴事件，当时的工部局董事长急电北京公使团转告北洋政府，捏称居民暴动，借口会审公堂委员处理事件有偏袒。北洋政府以准公使团“便宜行事”答复。公使团即电复厦门领事团，命令工部局标封会审公堂。对此，厦门各界人民进行抗争。北洋政府屡经协商不能解决后，于1915年改调上海审判厅厅长朱兆莘到厦门处理此案，以惩办殴伤巡捕的华人为条件，换取工部局起封会审公堂。

2. 历任会审公堂的堂长是中国人。从创办伊始，工部局就有一名华董（后加为三名华董），这点与上海租界有着较大的区别。会审公堂设有堂长（委员）一名，历史上共有22任19名堂主，均为中国人，由中国政府任命。因此，这些堂长们多数都爱国，尽力维护中国和华人的权益。

典型如最后一任堂长的罗忠谌就极大地体现了中国人的气节。1939年，占据厦门的日军突袭鼓浪屿，要求工部局向日本妥协。工部局在威胁之下，不得不与日方达成协议，发布了禁止在鼓浪屿进行抗日活动或反日宣传的布告。罗忠谌此时担任会审公堂堂长，其对协定中所谓取缔“反日运动”、逮捕“反日分子”、由日本特务机关供给工部局情报等内容提出抗议。1941年“珍珠港事件”后，日本侵入鼓浪屿。日军不允许会审公堂悬挂中国国旗。罗忠谌据理力争，“会审公堂根据国际公法，有悬挂本国国旗的权利”。为此，他被关进监狱，家属也被关进集中营。后来，日军想要罗忠谌出任日伪厦门市高等法院院长。在两个多月的牢狱时期里，日军采取各种手段，罗忠谌坚决不答应。他说：“宁可做难民，决不当汉奸！”关键时刻，罗忠谌表现出中国人应有的骨气。

此外，鼓浪屿的华人对于堂长的任免也有一定的影响力。例如，曾经在二十年代两度出任鼓浪屿会审公堂堂长的石广垣，在第二任期间被控“因办案不甚敏速，且有任意苛勒情事”；因此，“经该地绅商呈控福建省长公署奉批以所控各节”。其还被控贪污，不得不离任。

而如前所述，上海的会审公廨则在辛亥革命之后被西方所控制，由西方领事所任命，成为西方干涉中国司法权力的一个象征。

3. 会审公堂的职权也体现了中国的主权。《地界章程》第十二条规定，鼓浪屿范围内中国人的民刑案件均由其进行审理。其上诉法院也是地方政府或者法院（民国时为福建省高等法院第一分院）。在重大刑事案件上，其也是先行审问，“再行录送交地方官审理”。有民国时代的学者认为，即除了罚金或拘留外，凡是有期徒刑之上的犯罪，都视为重大犯罪；其余则为轻微犯罪。而会审公堂所审理的轻微案件非常多。而涉及干犯捕务案件，则其可以处以罚金或者拘役；而且“一经判决，即予执行，不得上诉”。

如果是中国人逃亡鼓浪屿界内，则依照上海的成例，会审公堂不必照会领事，可以“选差径提”，“亦毋庸会捕、协拘”。涉及洋人的案件，则“由该管领事自来或派员会同公堂委员审问”。一旦中外双方对案件有不同意见，则可以上控至“厦门道台会同该领事再行提审”。如果需要拘捕洋人或者住在洋人家中者，则需要“传拘票签，先期送由该领事签字，方准奉往传拘”。如果拘捕的是受洋人雇佣且不住在洋人寓处的华人，签票时可以不用先送领事官，但是领事官可以“视何缘故，或签字或酌情形核销”。

4. 会审公堂的行政概由中国处理，其经费也由中国政府支付。除了堂长（委员）外，会审公堂还设有书记长一名，书记员二名，侦探三名，传供一名，夫役九名。而鼓浪屿会审公堂的经费由国库支付，由福建省财政厅转发。在1929年之后，由于物价猛涨，追加预算，由国家税项下拨给。同时，状纸向福建高等法院请领，并按照规定价格报缴。到1930年后，中央拨款则猛增至一万二千元，“中央政治会议函为本会议第二七六次会议决议核定厦门鼓浪屿会审公堂十九年度岁出经常预算为一万二千元录案查照分别令行遵办一案奉。……”由中国政府任命，由中国政府拨款，这就较好地保障了会审公堂作为中国司法机关，并维护中方权益的基础。而上海会审公廨在辛亥革命之后被西方夺权，其经费也全部由工部局提供。

5. 会审公堂审理案件所依照的法律为中国法，而中外律师均不出庭；与今日司法实践中的案件请示模式一样，会审公堂的堂长也会就案件向上级法院请示。例如，1915 年 6 月 21 日，会审公堂的堂长朱兆莘致电领袖领事菊池的公文中坚持，“表内第三案系斗殴小节，原被告俱华籍，碍难承认陪审，暂从缓办，留俟他日议定，续行提讯，当经照复贵领事官查照在案件。嗣经请示上级机关，奉批饬凡两造俱华籍之案不能承认陪审。”

6. 会审公堂的陪审制也体现中国的主权。由于会审公堂堂长由中国政府委派，并由中国政府支付法庭的支出。所以，早期的会审公堂堂长在审理案件中，都会尽量排除西方领事的陪审制。因此，领袖领事菊池曾经致电领事团，他指出，“1、每当起诉人是中国人的任何案件，这些案件将由陪审员审判时都会引起决定性的反对。2、领事团建议在开庭时派遣陪审员一起审理的所有案件都被有机会地拒绝。3、对另一起案件既无理由又无解释而拒绝陪审员一起审理。”因此，他们强烈抗议，“本领事和英国领事建议领事团务必坚持他们早先的建议并与会审公堂大法官取得联系，其内容是重新考虑该问题系当务之急，否则在如此众多的案件中再次发生审问被不幸地搁置的危险将是不可避免的。”经过一番争议后，确认由工部局抓捕起诉的案件，由领事陪审，“如遇有华人干犯捕务之案，仍应保留由陪审员代表之权。”

前述几点表明，会审公堂更多的是作为中国的司法机关在行使着中国的国家审判权。其与上海会审公廨有着本质的区别。早在 20 世纪 20 年代，就有人指出了这种区别。对此，鼓浪屿华人公会林仲馥说，“鼓浪屿会审公堂之性质与上海异。上海会审员由领事团聘致，鼓浪屿则中政府特派。无收回之可言。”因此，“鼓浪屿实中国自行开辟之公共居留地非租界。工部局权限亦有限制。” 当时也有舆论指出，“鼓浪屿虽辟为公共地界，不过为外人之种居留地，而主权顾仍属中国。《章程》第十一条已有郑重声明，则司法之权当然属诸华官。”所以，有学者总结道，“鼓浪屿公共地界章程，所定外人权限，较为薄弱，居留外侨，数量不多。其所经营之财产与商务，亦不足重轻。故各方对之，淡然若忘……”因此，笔者认为，鼓浪屿同上海等地租界存在较大的区别，更多地应该被看作是一个国际公共社区。那么，相关理论从何而来？我们接着往下探讨。

二、从西方中世纪的自治城市看会审公堂

以往对于鼓浪屿的讨论，往往径直以主权理论去套。殊不知，中华帝国在1840年被西方的坚船利炮打开国门而诚惶诚恐地不得不接受西方的主权理论并将其奉为金科玉律时，西方的主权理论大流行也不过才百余年。而在此之前七、八百年的前现代、中世纪后期（11-18世纪），交杂着各种政治理论和治理实践。而在更早之前的5-11世纪，更主流的治理模式是封建体制。因此，对待鼓浪屿的治理模式以及会审公堂的定位，如果我们能够跳出主权理论主导的这两百年，从人类几千年的历史长河中去寻找，或许能够有所收获。笔者认为，从主权理论之前的前现代两千年来看，鼓浪屿的治理模式与西方中世纪中后期的自治城市比较相似（也有点类似于罗马公法理论中的非意大利的自治城市；而与希腊城邦不同）。

在西方崛起的这七、八百年的长时期中，作为西欧现代国家前身的自治城市是重要的标志。中世纪后期的自治城市是现代西方社会的雏形。其可以从以下几点与鼓浪屿会审公堂及其治理进行比较。

1. 作为城市自治标志的法律文件——特许状（特许状是确立城市独立地位的基础性法律文件，通常由城市所在地的封建主授予城市）。早在1066年，阿尔卑斯山一带就有城市获得了特许状，以确认其自治地位。此后，此类文件大量地授予了城市和大学，其地理范围不仅在意大利、法兰西，乃至德意志；甚至在王权强大的英格兰，早在11-13世纪也颁发了大量的特许状。据此，自治城市在一定范围内建立起新的城市经济和政治形态，建立起城市的法秩序，废止了旧有的封建法秩序。

在封建体制“马赛克式”的政治版图上，城市是另类的。它的存在，不能从当时主流的封建政治伦理中合理地推导出来；然而，在封建势力破碎的形势下，其存在却又是现实的。这种政治经济现实，是城市法存在的根基。即使是另类的现实，城市依旧有必要在理论上为存在提供辩护。相似的，鼓浪屿作为一个自治社区也是另类的存在，不仅异于传统的中华帝国模式，也与当时风头正足的、主流的西方主权国家模式不同。

而中世纪罗马法复兴的后注释法学派代表人物巴尔多鲁（Bartolus，1314－1357年）从“法律”与“事实”的角度对城市自治进行了初步的论述。他指出，存

在着两种管辖权，即“法律上”(de iure) 和 “事实上”(de facto) 的管辖权，这二者都是城市自治的合法性基础。 相似的，鼓浪屿作为一个国际自治社区，其法律地位源于《厦门鼓浪屿公共地界章程》，不仅具有“事实上”的合法性，更具有“法律上”的合法性。

2. 中世纪的城市也设立城市的法庭。在当时的一些著名的市集，如香槟集市和里昂集市，这些市集处于南北欧的国际性商路上，具有很高的商业地位。所在地的领主也意识到集市让自己有利可图，因此也像对待城市那般授予了特许状，在一些地方他们还能够成立自己的法庭。现在所知道最早的集市特许状出现在9世纪，到了10世纪则出现了不少。 与会审公堂能够对违警行为进行刑事处罚相似，中世纪西方的城市法庭也拥有部分的刑事处罚权。即使是在王权比较强大的英格兰，其城市也拥有部分处罚权。

此外，作为中世纪城市内部的重要组织的行会，在内部一般具有调解 仲裁纠纷权力；在部分城市，行会内部还有行会法庭，专门审理行会成员之间的纠纷。如伦敦的丝匠行会法庭每周四开庭，由四名行会选举出来并经市长认可的官员负责审理案件，法庭还设有法警和书记员。其甚至有权将非行会成员传呼到庭。

中世纪最博学的罗马法学家巴尔杜斯从“法律”和“事实”两个角度论述统治城市的寡头 (signori) 地位。他认为，Signori 的权力则结合“事实”与“法律”：他们是城市事实上的统治者，也是封建法律体系帝权的合法代理人。而一旦诉诸此等理论，则不仅 Signori，其他封建王公都在自己直接控制的领地里拥有“事实”与“法律”两种合法的统治权。 而鼓浪屿作为一个国际社区，有自己的法庭，而其由中国政府派驻。工部局的华董以及会审公堂的堂长，也类似于 Signori，是作为中国合法政权在鼓浪屿的代表。尤其是堂长，其行使着日常的司法裁判权。

3. 中世纪城市也存在治外法权和租界。而中世纪城市中，汉萨 (城市) 同盟在海外取得了极高的地位，获得了巨大的治外法权，建立起自己的租借地——商站。如他们在英格兰，除了享有最特殊的经济特权外，涉及同盟事务均根据同盟法规解决而非由英格兰法律解决。后来，他们甚至取得了更特殊的特权：他们可以设立特别的法庭来处理同盟与英格兰人之间的争议，从而可以不受英国海军法庭的司法管辖。 同盟在其他地区也建立起了类似的租借地。商站的站长有很大权力，他解决纠纷，还有权对违规者科处罚金。

由于意大利或者汉萨城市是中世纪后期西方社会的两大商业中心，他们的城市因此致富强大，也正因为如此，它们的商人足迹遍布欧洲，大量侨居在外。由于他们能够给侨居地带来财富，因此他们在这些地区往往享有特殊的治外法权，建立起租界。这些租界就象是“国中之国”。这些“重利轻别离”的商人聚合成团体，在租界内建立领事馆，每年选举领事和辅助官员来管理租界。这些租界会制定相关的法令和议案，但要送回本土批准。当侨民违反当地法律、发生内部纠纷或者侵犯团体利益的时候，领事享有司法管辖权。相关决议的副本会送达本土或其他租界。

从这一点看，鼓浪屿的情况比之中世纪西欧下的租界和领事裁判权好得多。会审公堂审理案件依照的是中国法；其也是中国政府的司法裁判机构。

4. 更有甚者，城市之间也存在着法律的继受，进而发展出审级。在早期，城市建立自己的法院，但是对其判决不服却不能提起上诉。随着时代的发展，城市法院的判决有了汇编。

在德意志北部，赫赫有名的汉萨同盟由数十个城市构成。其中的先进城市的法律被其他城市所学习接受。汉萨同盟的核心——吕贝克城的法律被 43 个城市所接受，法兰克福的法律则被更多的 49 个城市所模仿。然而，马格德堡的法律则以超过 80 的数目位居其上。这样，在先进城市与后进城市之间，就出现了所谓的“母法”与“子法”的关系；甚至还出现了对其他城市对后进城市法律的接受——形成了“孙法”。汉斯·理查德在其所著的《中世纪德意志城市法》(die deutschen stadtrechte des mittelalters) 中列出了一份完整的母城与子城的一览表。

由于有了“母法”与“子法”的关系，“子法”城市的案件变得可以“上诉”到“母法”的城市。这样，就出现了审级，市民的权益就更能获得公众的保护。 1381 年的汉萨公会决定，同盟内部的城市之间发生争端时，由临近的几个同盟城市仲裁，严禁向封建贵族上诉 (以免司法管辖权落入封建贵族手中)。如还未能处理成功，则由同盟公会解决。由于同盟公会的裁决十分公道得当，甚至在体制外的封建贵族也将部分纠纷提交给公会审理。这一点是鼓浪屿会审公堂所不及的。

三、会审公堂引领了法治文化的进步

城市作为西方现代文明的摇篮，对西方文明的进步提升起到了重要的培育作用。中世纪的西欧城市在一定范围内建立起新的城市经济和政治形态，建立起城市的法秩序，废止了旧有的封建法秩序：市民与封建主不再是人身依附关系，不再被束缚于土地而可以自由迁徙；他们不再承担种种封建义务：土地租税、徭役、军事义务；也不受封建法庭的管辖。市民们还可以自由支配自己的遗产，而不像封建体制下的农奴要受到领主的制约；而在诉讼方面，他们除了享有在城市法庭诉讼的权利，还可以避免封建司法程序中的神明裁判和决斗。在这种现代法治文明的培育下，西欧人在几百年之内逐渐从野蛮人变成了文明人，反过来又将其“文明”的成果推广的世界各地。

因此，在罗马法典籍《学说汇纂》(D.1.3.2）有言，“法律是关于天生政治动物的正与不正的统治。”而中世纪的注释法学家们则将其进一步阐释为“天生市民”。阿库修斯将其解释为“自然人的天性”。对此，巴尔杜斯则强调其人是“天然的文明”动物（naturalia et civilia），天然地要在法律之下生活。显然，该观点受到了亚里士多德的影响。中世纪的自治城市治理激发了人类向上提升的那部分天性。而在鼓浪屿，我们也可以看到法制治理之下相应的进步。依照史料记载，例如1911年的一些案件可以看出相关审判对于塑造现代文明生活方式的意义：

“准工部局解送黄粗皮欺凌幼童等情。十一月初八日提讯属实，判黄粗皮赔偿侯定洋1元。结案。

——准工部局控蔡启祥违背卫生规则等情。九月二十六日提讯，判蔡启祥不合违章，申斥。结案。

——准工部局控陈有宗擅取花木等情。十月十四日提讯，判陈有宗不合擅取花木，从宽申斥。结案。

——准工部局控陈贵生嫂污秽马路等情。十月二十一日提讯属实，判陈贵生嫂罚洋0.4元示儆。结案。

——据民人张章被吴鼓殴伤等情。十一月初十提讯属实，判吴鼓贴原告伤费1元，经宽斥释。结案。”

在会审公堂的治理下，“鼓浪屿的居民不能像其数百年来一样‘自由’：不许开采岛上的石头、割伐岛上的树木，不许乱倒污水、任凭自家的房屋污秽不堪，不许在夜间燃放爆竹、在聚餐时猜拳，邻里之间不许打架。‘死猫挂树头，死狗放水流’的习惯，在鼓浪屿行不通。”从这个方面看，鼓浪屿由于治理比较优良，迅速地由一个农渔小岛，发展成为国际化高档自治社区。最后，“经过多年的文化浸淫，鼓浪屿人变得讲卫生、爱花草、守秩序，不乱嚷嚷，也不大惹是生非。客观地说，鼓浪屿人的‘温文’得益于‘法制教育’；……”

而随着清末民国的“泰西主义”的修法运动的展开，中国法制的不断完善，向西方法制文明的不断靠拢，《六法全书》体系的建立和完善；同时，中国国家权力也不断提升；国内的法制文明水不断提升。收回鼓浪屿和会审公堂的呼声逐渐高涨。早在1930年，司法院就拟收回会审公堂，“致函外交部请草拟交涉进行办法”，而外交部“接函后即饬国际司拟订办法，现已具体决定除函件复外并拟于最短期内设法交涉收回回云”。到了1931年，司法院已经派员调研讨论改组鼓浪屿会审公堂一事：“司法院派参事张国辉赴鼓浪屿。调查当地会审公廨之组织与内容，为改组法院准备。张不日成行。”后来，因为抗战爆发，国民政府内外交困，忙于战务。后来，第二次世界大战全面爆发后，日军侵占了鼓浪屿。在抗战胜利之后，国民政府也就收回了鼓浪屿。

专题研究

Monographic Study

中国法院博物館
CHINA COURT MUSEUM

中国共产党领导制定的最早的刑事法规与人民法庭的创立

张希坡

前言

研究中国共产党领导的早期刑事立法及审判活动，大家最常提及的就是湖南、湖北两省审判土豪劣绅暂行条例以及同时期革命法庭的相关审判活动。这两次立法虽然都是以国民党省党部名义通过并发布的，但均是中国共产党参与并领导制定的，体现的是中国共产党与国民党左派的政治主张，革命法庭的审判者也都是中国共产党员或支持共产党纲领的国民党左派。我把这一时期的立法、审判工作纳入到革命根据地的法制工作范围内，主要基于以下几个方面的理由。

首先是第一次国共合作时期的政治纲领新三民主义，具有新民主主义革命的色彩。这一时期，中国共产党领导开展工人运动、农民运动的同时，还与孙中山为领袖的中国国民党进行第一次国共合作。1924年1月开始，共产党员以个人名义加入国民党，在国民党内担任职务，帮助中国国民党进行改组，开展革命工作。共产国际和中国共产党帮助起草的《中国国民党第一次全国代表大会宣言》，将三民主义解释为具有反帝反封建革命精神的新三民主义，使这一时期的革命具备了新民主主义革命色彩。这个宣言，既是国共合作的政治基础和共同纲领，也为国民政府确立了革命的立法原则。

其次，当时的国民政府，根据共产党的相关决议和毛泽东的论述，可以概括为："国民党和共产党共同领导"的"国共合作的联合政府"。毛泽东《在中国共产党第七次全国代表大会的结论》中称："从前同孙中山合作时，我们说在孙中山领导之下，其实是共同领导。”此前，中共六届七中全会通过的《关于若干历史问题的决议》明确指出：“在一九二四年至一九二七年革命时期，由于国共合作建立了联合政府，当时的根据地是以某些大城市为中心的……”

从以上引文可以得出以下简要结论：（一）广州、武汉国民政府是第一次国共合作时期特定历史条件下产生的、国民党和共产党共同领导的联合政府，是一个具有新民主主义色彩的革命政权。（二）广州、武汉国民政府所统辖的地区，是我国新民主主义革命时期开辟最早的革命根据地。在这些根据地里，工农运动取得合法地位，因而得到蓬勃发展，也为后来农村革命根据地的开辟，播下了红色种子奠定了历史基础。在第一次国共合作时期，由于共产党人与国民党左派人士的共同努力，制定了许多革命的法律法规，就其基本性质来讲，属于反帝反封建的、扶助农工运动的新型革命法制，它对于后来农村革命根据地，以及中华人民共和国成立后的政权与法制建设，都具有历史渊源的重要影响。

一、湖南、湖北惩治土豪劣绅条例考订研究及其主要内容

1927 年 1 月，谢觉哉以国民党省党部常务委员名义参加起草《湖南省惩治土豪劣绅暂行条例》与《湖南省审判土豪劣绅特别法庭组织条例》；1927 年 3 月，在董必

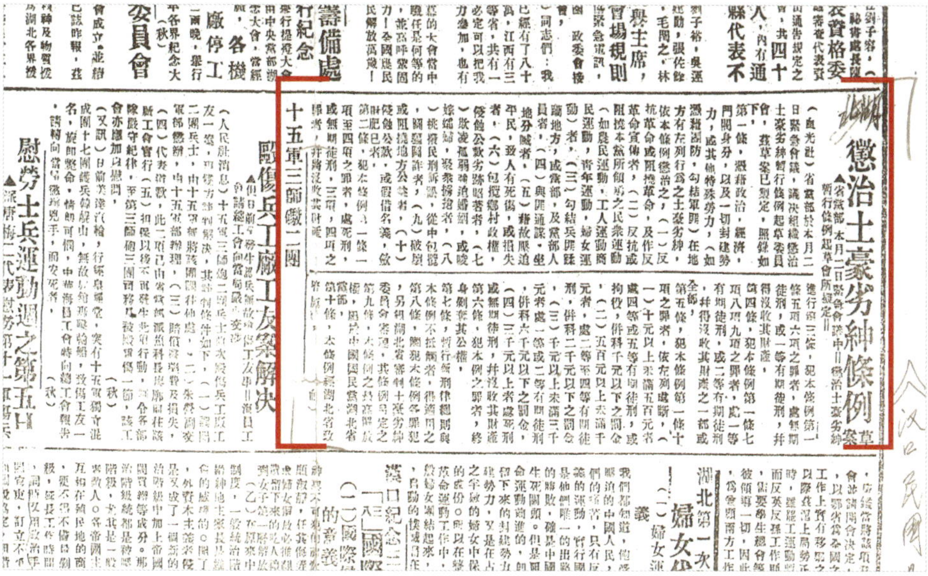

懲治土豪劣紳條例草案

▲省黨部本月二日緊急會議中▲懲治土豪劣紳暫行條例起草會所擬定

1927 年 3 月 6 日版汉口《民国日报》登载的《惩治土豪劣绅条例》(草案)

武的领导下起草《湖北省惩治土豪劣绅暂行条例》与《湖北省审判土豪劣绅委员会暂行条例》。其中,《湖南省惩治土豪劣绅暂行条例》登载于1927年1月29日版的长沙《大公报》,《湖南省审判土豪劣绅特别法庭组织条例》登载于1927年1月19日版的汉口《民国日报》，建国后的《湖南省志》第一卷收录了《湖南省惩治土豪劣绅条例》。研究者对这两份历史资料的内容均没有异议。但是在很长一段时间里找不到《湖北省惩治土豪劣绅暂行条例》的原文。1953年出版的人民出版社编辑出版的《第一次国内革命战争时期的农民运动》一书中收录的是日本人田中忠夫关于这一条例的图解介绍资料。

田中忠夫是位日本经济学家。在北伐战争时期，田中忠夫来到中国研究经济，并曾担任武汉国民政府的顾问。他在1930年编辑出版了《国民革命与农民运动》(李育文译)，1934年出版了《中国农业经济研究》和《中国农业经济资料》(汪馥泉译)。在这些著作中，都以“北伐军占领武汉后的农民运动”为题，用图解的方式介绍《湖北省惩治土豪劣绅条例》的基本内容。田中忠夫的图解介绍收入人民出版社编辑出版的《第一次国内革命战争时期的农民运动》后，相关学科皆以这一“图解介绍”为蓝本，广泛加以引用和翻印。这个“图解介绍”初看似乎简明扼要，一目了然；但只要稍加仔细推敲，便会发现其中的矛盾错误，显然不应作为可信的史料加以引用。

(一)《湖北省惩治土豪劣绅暂行条例》中文本长期找不到的原因分析

据史料记载，该条例提交国民党二届三中全会审议批准后，作为会议决议的附件之一，收入《中国国民党第二届中央执行委员会第三次全体会议宣言训令及决议案》,由中国国民党中央执行委员会印行，中华民国十六年五月铅印出版。但此时已经发生了“四一二”反革命政变，国内政治形势发生急剧变化。武汉国民政府主席汪精卫回到武汉，审阅二中三中全会决议案后，对于共产党和国民党左派人士为主通过的决议(特别是关于农民运动的决议及审判土豪劣绅条例等)，他是持根本反对的立场，于是便以决议文献中“错字太多”[①]为借口，加以扣压，不准向外发布。不久，汪精卫叛变

① 据核对，“湖北条例”确有几处错字漏字，如第一条第五项“包揽乡间政权”，将“包”字误作“向”；第二条“犯本条例第一条第一至五项之罪者”，将“五”误作“二”；第三项“蹂躏地方党部”漏掉“党部”二字。这只是汪精卫的一种借口。即或没有错字，他也会扣压不发，这是他走向反动的必然步骤与重要手段。

革命，这一革命的法律变成“犯罪”的证据。谁若持有《惩治土豪劣绅条例》，便受到迫害。因此，这个条例原文长期难以查到。

（二）《湖北省惩治土豪劣绅暂行条例》中文定稿的校订复原

笔者经过延续几十年的寻查，先后找到以下三种中文版本：

1. 1978年暑假人民大学复校，我到武汉参加教育部、司法部主持召开的法学教育工作会议。会议期间组织参观“毛泽东同志旧居纪念馆”时，在该馆一个橱窗里发现一件手刻蜡纸油印材料的《湖北省惩治土豪劣绅暂行条例》。条例内容一共十条，但文字多处残缺。据该馆工作人员介绍，这件油印条例，是武昌的住户，在拆阁楼时，从墙缝里发现的，因年代久远，虫吃鼠咬导致文字残缺。但其未毁损部分，仍清晰可辨，乃是一件十分珍贵的历史文物（以下简称“油印本”）。

2. 1980年，《汉口民国日报》复印本问世。该报1927年3月6日刊登了《惩治土豪劣绅条例草案》十条。由于尚属草案，并非定稿，故还不能认定作为该条例的最终版本。但是，其未修改部分仍是真实可信的（以下简称“草案本”）。草案本与定稿之间尚有三处修改：

第一处，草案第一条第（五）项原来规定：“借故压迫平民，致人有死伤，或损失者”，处无期徒刑或一等有期徒刑，并得没收其财产。这一规定的不合理处，是将“致死”“致伤”放在一起，最高刑只有无期徒刑。即不管土豪劣绅“致死”多少平民，皆不能处死刑。

参照“湖南条例”，第一条第（五）项规定：“压迫平民因而致人有死伤，或损失者”，“处死刑、无期徒刑或二等以上有期徒刑”。虽然也将“致死”与“致伤”放在一起，却规定了“死刑”。但应指出，湖南的这条规定也有缺陷，对一个罪名的量刑从死刑到五年以上有期徒刑，处刑幅度过于宽泛，法庭人员难以掌握。有鉴于此，“湖北条例”在定稿时，将该条第（五）项，分为（五）（六）两项，即：

（五）“借故压迫平民，致人于死亡者”，“处死刑或无期徒刑，并得没收其财产”。

（六）“借故压迫平民，致人有伤害或损失者”，“处无期徒刑或一等有期徒刑，并得没收其财产”。

第二处，草案原稿将“侵蚀公款”分别在第（六）项和第（十）项作了不同的规定，在逻辑上自相矛盾。最后定稿时，将“侵蚀公款”一律并到第（十）项，按贪污款数确定量刑标准。

第三处，草案原稿第（七）项规定：“欺凌孤弱，强迫婚姻，或唆嫁孀妇，聚众掳抢者。”其中对“唆嫁孀妇”要判刑，与婚姻自由政策不相符合，最后定稿时，删掉“唆嫁孀妇”。

3.《中国国民党第二届中央执行委员会第三次全体会议宣言训令及决议案》1927年由中国国民党中央执行委员会印行，但被汪精卫扣押后流传甚少。建国后，虽于1959年6月经中国人民大学党史系资料室全文翻印，翻印本第39—41页刊印《湖北省惩治土豪劣绅暂行条例》十条，除了个别错字丢字，主要内容完整可信。只是这个翻印本注明“本校内部使用”，因而也很少流传。

另外，1927年（中国国民党）中央军事委员总政治部也曾印行过这个决议案，其内容与国民党中央执行委员会印行的版本完全相同（可统称为“铅印本”）。

以上三种版本相互校订，便可呈现一种完全真实的条例全文。其校订本全文，详见本文最后附件三。

（三）湖南、湖北《惩治土豪劣绅暂行条例》的主要内容

1927年1月公布的《湖南省惩治土豪劣绅暂行条例》，共11条。1927年3月公布的《湖北省惩治土豪劣绅暂行条例》（以下分别简称“湖南条例”“湖北条例”），共10条。两者大同小异，后者是在前者的基础上，加以补充修订的，考虑更为周密合理。

首先，提出“土豪劣绅”的定义及其主要罪行。

两个条例皆规定，既要有“土豪劣绅”的身份地位，又要犯有法定罪行，才能按本条例规定加以惩处。

“湖南条例”规定：“凭借政治力量、经济力量，或其他特殊势力（如团防等），在地方有左列行为之土豪劣绅，依本条例惩治之”。

“湖北条例”规定：“凭借政治、经济、门阀身份以及一切封建势力，或其他特殊势力（如凭借团防勾结军匪），在地方有左列行为之土豪劣绅，依本条例惩治之”。

接着，两个条例列举了若干具体罪行。“湖南条例”列举九项罪行（一）反抗革

命或阻挠革命者；（二）反抗本党或阻挠本党或本党所领导之民众运动者；（三）勾结逆军盗匪蹂躏地方者；（四）杀害人民，及纵火、决水、强奸、掳掠者；（五）压迫平民因而致人有死伤，或损失者；（六）苛索民财，或假借名义敛财肥己者；（七）擅理民刑诉讼，或包揽讼词，压迫平民者；（八）破坏或阻挠地方公益者；（九）侵蚀公款者。

“湖北条例”列举了十一项罪行：（一）反抗革命或阻挠革命及作反革命宣传者；（二）反抗或阻挠本党及本党所领导之民众运动（如农民运动、工人运动、商民运动、青年运动、妇女运动）者；（三）勾结军匪，蹂躏地方党部或党部人员者；（四）与匪通谋，坐地分赃者；（五）借故压迫平民，致人于死亡者；（六）借故压迫平民，致人有伤害或损失者；（七）包揽乡间政权，武断乡曲，劣迹昭著者；（八）欺凌孤弱，强迫婚姻，或聚众掳掠为婚者；（九）挑拨民刑诉讼，从中包揽，图骗图诈者；（十）破坏或阻挠地方公益者；（十一）侵蚀公款，或借名义敛财肥己者。

上述规定，是将土豪劣绅的反动身份和法定的各种罪行相结合，这便为审判机关和革命群众提供了识别和处理土豪劣绅的法律依据。这样，既可以防止放纵有罪恶的土豪劣绅，又可避免因无法可依而出现的乱捉乱杀现象。

第二，规定了刑罚和量刑标准。

两个条例皆规定，依照罪行轻重，分别判处死刑、无期徒刑、有期徒刑、罚金、剥夺公权、没收财产。“湖南条例”对贪污罪最轻者得处以拘役。“湖北条例”无拘役的刑种。两个条例皆规定：犯本条例之罪者，终身剥夺其公权；没收财产，分别规定没收全部或一部。此外“湖南条例”还规定：本党党员犯本条例之罪者，加一等处断。

其中，有期徒刑最高十五年，最低两月，分为五等。按当时《暂行新刑律》的通用惯例，五等有期徒刑的分法是：

一等有期徒刑：十五年以下，十年以上；

二等有期徒刑：十年未满，五年以上；

三等有期徒刑：五年未满，三年以上；

四等有期徒刑：三年未满，一年以上；

五等有期徒刑：一年未满，二月以上。

综合分析两个条例的处刑标准，依据罪行轻重，分别形成了四个或五个量刑阶梯。

“湖南条例”列举了四个阶梯：

（1）死刑、无期徒刑或一等有期徒刑；

（2）死刑、无期徒刑或二等以上有期徒刑；

（3）二等以上有期徒刑。

（4）处三等以上有期徒刑。

“湖北条例”分为五个阶梯，比较合理：

（1）死刑或无期徒刑；

（2）无期徒刑或一等有期徒刑；

（3）一等或二等有期徒刑；

（4）二等至四等于有期徒刑；

（5）四等或五等有期徒刑。

以上既规定了不同层次的量刑阶梯，每个阶梯又有一定的量刑幅度，这便有利于审判人员根据不同案情，机动掌握，灵活运用。

第三，对于贪污罪，分别列出处刑标准。

“湖南条例”规定“侵蚀公款者”，“湖北条例”规定“侵蚀公款或假借名义敛财肥己者”，皆按贪污钱数确定量刑标准。两个条例一致规定以下四个等级：

（一）十元以上未满五百元者，处四等或五等有期徒刑，并科千元以下之罚金；

（二）五百元以上未满千元者，处二等至四等有期徒刑，并科两千元以下之罚金；

（三）千元以上未满三千元者，处一等或二等有期徒刑，并科六千元以下之罚金；

（四）三千元以上者，死刑或无期徒刑，并没收其财产。

上述规定，便为以后制定惩治贪污条例，提供了重要的历史经验。

二、立法背景

这两次立法以及根据相关立法开展的审判活动的历史背景，应该结合当时中国的国情及国内政治斗争形势进行考察，并且要提高到马克思列宁主义的理论高度加以诠释。

首先，从理论上进行分析。

毛泽东在《湖南农民运动考察报告》指出："宗法封建性的土豪劣绅，不法地主阶级，是几千年专制政治的基础，帝国主义、军阀、贪官污吏的墙脚。"[①]广大农民群众受尽地主豪绅的盘剥和压榨，早已郁积着强烈的阶级仇恨，一旦在共产党的正确领导下组织起来，很快形成一支足以埋葬一切反动势力的革命力量。因此，农民运动兴起后，其斗争矛头，必然指向贪官污吏土豪劣绅，彻底推翻地主豪绅的统治，并对他们进行必要的镇压和专政，这是阶级斗争的必然规律，也是国际国内革命历史经验所证实的马克思主义的重要原理。

马克思在《危机和反革命》一文中指出："在革命之后，任何临时性的政局下都需要专政，并且是强有力的专政。"[②]恩格斯在《论权威》中指出："获得胜利的政党如果不愿意失去自己努力争得的成果，就必须凭借它以武器对反动派造成的恐惧，来维持自己的统治。要是巴黎公社面对资产者没有运用武装人民这个权威，它能支持哪怕一天吗？反过来说，难道我们没有理由责备公社把这个权威用得太少了吗？"[③]

列宁总结1905年俄国革命的经验，写了《关于专政问题的历史》指出："不为实现专政做准备，就不可能在实际上成为革命家。"[④]又说："被压迫被剥削阶级反对压迫者的一切革命的历史，都是我们对专政问题的认识的主要材料和来源。谁不懂得任何一个革命阶级为了取得胜利必须实行专政，谁就对革命史一无所知，或者说根本不想获得这方面的知识。"[⑤]

在我国，也有这方面的经验教训。毛泽东在总结辛亥革命的经验时指出：孙中山失败的原因之一，就是他"不晓得镇压反革命，当时反革命到处跑。后来他就失败于北洋军阀首领袁世凯之手。"[⑥]毛泽东在《湖南农民运动考察报告》中，就非常强调实行对敌专政的必要性，指出："这个农村都必须造成一个短时期的恐怖现象，非如此

① 《毛泽东选集》第一卷，人民出版社1991年版，第15页。
② 《马克思恩格斯选集》第1卷，人民出版社1995年版，第313页。
③ 《马克思恩格斯选集》第3卷，人民出版社1995年版，第227页。
④ 《列宁全集》第39卷，人民出版社1986年版，第371页。
⑤ 《列宁全集》第39卷，人民出版社1986年版，第367页。
⑥ 《毛泽东选集》第5卷，人民出版社1977年版，第290页。

决不能镇压农村反革命派的活动，决不能打倒绅权。”[①]

其次，要对当时阶级斗争的实际情况进行考察。

1927年农民运动兴起后，被打倒的地主豪绅，绝不甘心于失败，仍在千方百计地进行各种报复破坏活动。其主要表现有：

第一，利用团防武装勾结土匪继续屠杀农民。旧的团防局、保卫团、民团、警察所是地主镇压农民的反动武装。逮捕屠杀农民是这些“局长老爷”的家常便饭。农民运动兴起后，引起土豪劣绅及一切反动势力的极端仇视，乘机进行报复活动。许多地区的地主武装被农民协会缴械后，便与土匪相勾结，进行各种破坏活动。在当年省农民协会的卷宗中，有许多县农会发来的报告，列举事实说明许多土豪劣绅勾结匪徒，饮血酒而叫嚣要“打倒农会，杀进特派员。”

第二，组织反动团体，作为反革命活动的指挥中枢。如湖南湘乡县有“维持会”，衡阳有“白化党”，醴陵、浏阳有“三爱党”，湘中各县普遍组织“保产党”。这些反动团体经常有计划地攻击农会，捕捉屠杀农会干部和农民。

第三，混入农民协会或组织假农会，阴谋从内部进行破坏。有些土豪劣绅贿买流氓游民钻进农会，侦探信息，挑拨离间；或者组织假农会，故意提出过高的口号，做出越轨行动，毁坏农民协会的威信。有些地区的土豪劣绅以“家族主义”“地方主义”为号召，妄图达到保护地主豪绅权益的反动目的。

第四，造谣中伤。许多地主豪绅从乡间逃到城市，到处大造谣言。胡说农会“共产共妻”，“兵士六个月不回家妻子要充公”，“兵士寄家的钱皆被农会没收了”等等，借以歪曲农运政策，妄图挑拨北伐革命军与农民协会的关系。

此外，湖北省“阳新惨案”也是促成湖北加快立法和组织法庭的重要因素。

湖北省阳新县是农民运动发展最快的地区，因而遭到反动势力的极端仇视。1927年2月27日，竟发生杀害9名农会干部和群众的惨案，史称“二二七阳新惨案”。其他各县如监利、汉川、沔阳也先后发生此类惨案。

据《湖北省农民协会第一次全省代表大会为阳新惨案宣言》宣称：1927年2月27日，该县反动县长和公安局长，勾结土豪劣绅，带领“红门会”匪几百人进城攻击农会，将省农协特派员成子英和县农协秘书谭明治、乡农协职员王德水，县总工会

① 《毛泽东选集》第1卷，人民出版社1991年版，第17页。

组织部长曹东曙和工友胡占魁，以及对工农运动表示同情的警备队长石勋秋并工友3人，共9人捉拿至城隍庙，加以毒打后，架上木柴淋以火油，活活将9人烧死。这一惨案发生后，引起全省人民的义愤，省农民代表大会决定请求政府从速制定法律，严惩残杀农会领袖的凶手，扫清贪官污吏土豪劣绅

在共产党人和国民党右派人士的共同努力下，1927年3月16日召开的国民党中央执行委员会上，听取了阳新惨案的报告，决定由邓演达、吴玉章、毛泽东三人为委员，协同湖北省党部、省政府、省农民协会研究迅速查办这一案件。

与此同时，国民党湖北省党部在董必武领导下，组成了由邓初民、孔文轩、郝绳祖三人组成的起草委员会，拟制《湖北省惩治土豪劣绅暂行条例》和《湖北省审判土豪劣绅委员会暂行条例》。湖北省的两个条例制定后，恰逢国民党二届三中全会在武汉召开。为了在全国范围推行惩治土豪劣绅的斗争，减少右翼势力的阻挠，上述条例提交国民党中央全会进行审议，并准备发行到全国。在1927年3月15日中央全会审议此条例时，毛泽东在会上强调："土豪劣绅必须以革命手段处置之，必须有适应革命环境之法庭。""和平方法，是不能推倒土豪劣绅的，故亟应颁布此条例，以便推行各省。"[①]董必武在会上发言指出："湖北惩治土豪劣绅暂行条例，系根据湖南已行之惩治条例，足以保证农民运动。因为土豪劣绅之犯罪为普通法律所不及。"[②]经过全会讨论后，于3月15日正式批准了这两个条例，并收录在《中国国民党第二届中央执行委员会第三次全体会议宣言训令及决议案》的附录中。

上述制造"阳新惨案"的罪犯，当即捕获者4人，其他潜逃者，经政府通缉，先后分批缉拿归案，召开死难烈士追悼大会，经特别法庭公开审判，处以极刑。

三、湖南、湖北审判土豪劣绅特别法庭的建立及其诉讼制度

湖南、湖北两省在制定《惩治土豪劣绅暂行条例》的同时，分别制定了《湖南省审判土豪劣绅特别法庭组织条例》和《湖北省审判土豪劣绅委员会暂行条例》（简称"湖南审判条例""湖北审判条例"）。"湖南审判条例"规定："凡犯《湖南省惩治土豪劣绅暂行条例》之罪者，适用本条例所规定之特别法庭审判之。""湖北审判条例"规

① 参见1927年3月15日武汉三中全会速记录，转引自《鲍罗廷与武汉政权》。

② 参见1927年3月15日武汉三中全会速记录，转引自《鲍罗廷与武汉政权》。

定："凡触犯本条例各罪，另组湖北省审判土豪劣绅委员会审判"。

（一）特别法庭、审判委员会的组成

"湖南审判条例"规定：县组织审判土豪劣绅特别法庭为第一审判，省组织审判土豪劣绅特别法庭为第二审判。县特别法庭委员会，由下列人员组成：（一）县长；（二）县市党部联合选举一人；（三）县农民协会、县总工会、县商民协会、县教职员联合会、县学生联合会联合选举一人（共三人）。省特别法庭委员会由下列人员组成：（一）湖南省政府二人；（二）中国国民党湖南省党部二人；（三）湖南省农民协会、省总工会、省教职员联合会、省学生联合会联合选举一人（共五人）。第一审开庭时，由县长为主席，第二审开庭时，由各委员互推一人为主席。特别法庭委员会设常务委员一人，第一审由县长充任，第二审由省政府委员之一充任。

"湖北审判条例"规定：县审判委员会由县党部、县农民协会各选二人，县工会、县商民协会、县妇女协会、县学生联合会各选一人，会同县长、司法委员，共十人组成。开庭时以县长为主席。该条例还特别规定："上举各人民团体有未成立者，其委员从缺。但无县党部及县农民协会之组织者，则不适用本条例"。省审判委员会，由省党部及省农民协会各选派二人，省商民协会、省总工会、省妇女协会、省学生联合会各选派一人，省政府委派二人，共十人组成。开庭时以政府委员一人为主席。县、省审判委员会皆须设常务委员一人，县由县长、省由政府所派委员一人充任。县、省审判委员会得设书记一人，由县、省审判委员会委任之。县、省审判委员如有事故不能出席时，得由原机关派人代理。

从上述情况看，湖北的规定比较切合实际，审判委员人数较多，使各个团体都有代表参加法庭工作，便于集思广益；特别是农民协会在法庭中占有重要地位。该条例专门规定无县党部、无县农民协会者，不准成立审判委员会，这便显示了农民协会在特别法庭中的重要地位。因为共产党和国民党左派在农民运动兴盛地区，首先建立国民党县党部和县农民协会。如果没有建立这两个组织，而先成立特别法庭者，肯定是假法庭，必须予以取缔，以保持革命法庭的纯洁性。

（二）特别法庭的主要诉讼原则

1. 实行审判委员会合议制

《湖南审判条例》规定，县审判委员由三人组成，须有委员两人之同意，始得判决。省审判委员 5 人，须有委员 4 人之同意，始得判决。

湖北省审判条例规定，县省审判委员会皆由十人组成，须有过半数委员出席，其审判结果须有过半数出席委员之同意，始得判决。

2. 实行公开审判制

湖北省规定，县、省审判委员会皆须公开审判或召开公判大会。两省的判决书都有选择地在报上公布，以增加审判工作的透明度，并扩大其政治影响。

3. 实行上诉制度或复核制

湖北省规定，不服县审判委员会判决者，得于五日不变期间内，向原审判委员会声请上诉，由原审判委员会录案详请省审判委员会复判之。逾期不声请上诉者，即照判执行。基本上实行两级终审制，但由省审判委员会判决者，即为一审终审。

湖南则规定，第一审判后，五日内附具全案，报由第二审复核。第二审核准后，交县署执行。但认为有异议时，应提案复审。

此外，“湖南审判条例”还规定，犯罪之土豪劣绅，特由被害地方各级党部各公法团体告诉之。湖北省规定，各县土豪劣绅有逃往他县逮捕者，得交由当地审判委员会审判之。

（三）特别法庭体现了革命原则性与策略灵活性相结合的特点

这一特点表现之一，反映在国共两党关系上。因为那时正处于第一次国共合作时期，共产党员参加到国民党和农民协会中担任各种职务。从原则上讲，当时整个农民运动以及惩治土豪劣绅条例的制定和执行，无疑皆是在共产党的实际领导下进行的。但在策略上，却是用国民党省党部和省政府的名义。如湖南湖北两省制定的这四条例皆规定：本条例修改权、解释权，属于中国国民党省党部，本条例自省政府公布之日施行。

这一特点的表现之二，反映在同旧法律的关系上，既在坚决废除旧法的原则下，又从旧法律中吸取某些对革命有用的东西。例如湖南农民代表大会通过的《司法问题决议案》指出：现时法律偏于保护特殊阶级，负债的乡村农民，尤其是佃农与贫农所受痛苦极大。因而决定“民刑法律须全部改订，凡不利于农民的条文须一律废除”。但是，在废除旧法的前提下，并不排除从旧法中吸取某些可用的东西。例如湖南湖北两省的条例皆有专条规定：“《暂行新刑律》总则与本条例不相抵触者，得适用之”。例如刑罚的种类和有期徒刑五个等级的划分，就是沿用《暂行新刑律》的规定。这也是当时广州武汉国民政府通用的处罚方法。

据《汉口民国日报》1927年3月22日报道，湖北省党部于日前发布训令，要求各县迅速成立县审判土豪劣绅委员会。训令指出：

“为令行事，本会前以各县土豪劣绅异常猖獗，亟应采取非常手段，迅予肃清，不能视同普通罪犯适用普通法律审判。特于第十二次常会议决关于办理土豪劣绅条例，由党部、政府及人民团体各派代表组织省、县审判土豪劣绅委员会。暂行条例各十条，呈奉中央执行委员会第三次全体会议批准施行。除函请政务委员会[①]即予公布，并通令各县长、各司法委员一体遵照办理外，合亟检发原条例，令仰各该党部即便遵照，克日函知各人民团体，选委代表，会同县长及司法委员，赶将县审判委员会组织成立，随时具报备查，是为至要。此令！

湖北省党部”

根据这一训令，各县审判土豪劣绅委员会陆续成立。如汉阳县3月27日决定成立县审判委员会，云梦县是4月2日成立的，武昌县是4月9日成立的。湖北省审判土豪劣绅委员会于4月24日成立，6月1日正式开庭审判。

（四）湖北省红安县七里坪革命法庭审判土豪劣绅简况

1927年3月，《湖北省惩治土豪劣绅条例》颁布后，黄安县成立审判土豪劣绅委员会。四月，七里区农民协会在此设立革命法庭，区农民协会委员长戴雪舫，委员邹香山、郑行瑞、张南一等，曾在此审判土豪劣绅，向土豪劣绅展开了经济清算斗争。

1927年4月，黄安县审判土豪劣绅委员会成立后，根据广大农民要求，派员调查，先后抓捕了李介仁、阮纯青、李仕丰、张容延四个大土豪劣绅和袁鹤山、石黑子

① 湖北省政府的前身为湖北省政务委员会。北伐战争时期新占领的各省，先成立省政务委员会，待条件成熟时，正式成立省政府委员会。

两个土匪地痞，进行了公开审理。依照《湖北省惩治土豪劣绅暂行条例》之第二条，将这六名罪犯判处死刑，呈报湖北省审判土豪劣绅委员会核准，于5月13日在县城校场岗举行公判大会，县审判委员会逐一公布六名罪犯的罪状后，当场执行枪决。

四、惩治土豪劣绅斗争的主要经验

（一）群众运动必须以共产党的方针政策为指导以革命法制作保障

过去有人说，开展群众性政治运动不能制定法律，有了法律会束缚群众手脚，影响发动群众。历史经验证明这种说法带有很大的片面性。1927年湖南、湖北两省制定惩治土豪劣绅条例证明，开展农民运动必须在共产党的领导下，制定明确的方针政策，并且要把这些方针政策与革命实践相结合，制定出具体的、规范化的、具有可行性的法律法规，才能防止产生“左”的或“右”的错误倾向。这一时期的历史事实证明，群众性的政治运动与革命法制工作，不是相互排斥而是相辅相成的。群众运动为革命立法工作提供了丰富的经验，正确的法律制度又反过来促进和保证群众运动沿着健康的轨道发展。

（二）开门立法，开创了立法工作走群众路线之先河

在湖北省发生“阳新惨案”后，根据广大工农群众的要求，国民党湖北省党部，在董必武领导下，于3月2日开会，推邓初民等3人为起草委员，参照湖南省制定的条例，并向参加农运的干部进行调查研究，很快拟定了《惩治土豪劣绅条例草案》。为了集思广益，听取各方意见，将该草案，刊登在3月6日的《汉口民国日报》上。经过广泛听取意见之后，已如前述，将草案作了三处修改。

以上说明“开门立法”是完全正确的，开辟了立法工作走群众路线的历史先河。

（三）对于土豪劣绅及一切反革命分子，绝不能姑息养奸

当第一次国共合作时期，惩治土豪劣绅的斗争刚刚开始，由于缺乏经验，特别是由于右倾机会主义路线的干扰，以及资产阶级右翼的阻挠，大批反动地主豪绅趁机潜伏或脱逃。不久，这些反动分子在白色恐怖下，卷土重来，对革命人民进行残酷的

报复和迫害，例如长沙新康镇团防头子何迈泉，办团十年，杀害贫苦农民无数，人称“何八屠户”。就是这样一个杀人不眨眼的刽子手，在北伐战争中，却被蒋介石包庇收容，当上军官，逃避革命人民的惩办。“四一二”反革命政变后不久，何迈全窜回长沙县，当上“铲共义勇军”队长，再次挥舞屠刀，使许多共产党员和革命群众惨遭屠害。再如湖南省国民党右翼头子、衡山大恶霸刘岳峙，在农民运动时，衡山县柴山特别区农民协会曾派人到省交涉，要求捉拿刘岳峙回县接受审判，却被湖南当局拒绝，只是将他组织的反动“左社”宣布“取缔查办”，让刘岳峙逃往南京。大革命失败后，刘岳峙立即回到柴山，组织所谓“清乡委员会”，对革命人民反攻倒算，进行所血腥屠杀。直到中华人民共和国成立后的清匪反霸中，刘岳峙这个血债累累的反动分子，才被捕获归案，受到应有的惩处。

这些血的教训说明，革命与反革命的大搏斗是你死我活的斗争，对敌人的仁慈，就是对人民的残忍，革命人民必须除恶务尽。

（四）“革命只讲真理不讲私人情面”，第一代人民法官树立了大公无私执法严明的榜样

湖南、湖北两省特别法庭成立后，许多著名的工农运动领袖都成为审判委员会的委员，即第一代人民法官。如湖南省总工会委员长郭亮担任了省特别法庭委员会的主席，省农民协会秘书长代理委员长柳直荀担任省特别法庭委员会的委员。1927年春，正当镇压土豪劣绅运动高潮时，郭亮的家乡长沙县铜官镇向省特别法庭解来一名重要案犯，要求依法严办。这名罪犯乃是郭亮的岳叔父李石卿。与此同时，李家托郭亮的岳母登门“求情”。此事传出去，广大群众都在密切关注这位身为共产党员的特别法庭主席如何审断此案。郭亮首先向其亲属进行教育工作，说明特别法庭是受工农群众委托由集体组成，一切案件都要由特别法庭委员会讨论，依法裁断。既不能个人专断，更不能因亲属对罪犯进行庇护。最后经过法庭调查证实李石卿犯了“反革命谋杀罪”，由湖南省特别法庭委员会讨论决定，依照惩治土豪劣绅条例的规定，判处李石卿死刑。此案执行后，湖南群众一致称赞郭亮为“铁面无私的郭矮公”。

湖南省特别法庭判处“附逆元凶恶霸官僚”李佑文时，其弟（外号“小里手”）利用各种社会关系，企图对特别法庭施加影响。“小里手”与夏明翰的哥哥是好朋友，

得知夏明翰身为中共湖南省农民部长，正是省农民协会顶头上司，便备足厚礼，“拜访”夏明翰，被夏拒绝后，他又托夏明翰的哥哥亲自出面求情“留他一条性命”。夏明翰严词驳斥称：“你要留他一条性命，我要广大农民生存。我们俩是同胞不同心，同门不同路。”“你若再为李佑文说话，我以见你为耻！”夏明翰这种坚持党性原则、公正无私的精神，一直为世人所称颂。

特别法庭成立后，许多身居高位的“党国要人”也在利用权势地位，威胁、软化特别法庭，妄图为豪绅政客开脱罪责。例如当时身为国民政府代主席的谭延闿，因其女婿被农民协会处以罚款，接连多次来电进行干预。柳直荀面临这一复杂情况，十分坚定。他教育法庭干部说：“革命只讲真理，不讲私人情面。”他以身作则，既不受拉拢，也不怕威胁，严格依法办案，坚定地回绝了谭延闿的无理要求。

与此同时，对于革命队五内部的违法乱纪分子如何处理，也是对特别法庭的一种考验。当时湖南省特别法庭曾没收一批大土豪劣绅的财产，柳直荀指定由省农民协会的委员胡某负责清查管理。胡某在清点过程中，擅自私藏一些财物企图据为私有。此事暴露后，有人主张“家丑不可外扬”，为了维护省农协的威信，对胡某既不要处分太严，更不要公开张扬。柳直荀果断地拒绝了这种要求，指出胡某是执法犯法，绝不能徇私原宥。他立即主持召开省农民协会常委会，决定全部追回隐匿财物，撤销胡某省农协的一切职务，开除农会会籍。同时呈报中共湖南区委批准，开除胡某的党籍。接着柳直荀还以省农协名义，在报上公布了对胡某的处分决定。这样，不仅没有影响省农协的声誉，反而更加受到各界的好评，称赞省农民协会和省特别法庭，果然与军阀官僚“官官相护”的旧衙门截然不同。

特别法庭是中国共产党领导建立的最早的人民法庭；而郭亮、柳直荀等第一代人民法官所体现的公正廉明、执法如山的革命精神，为后来人民司法机关廉政建设树立了光辉的楷模。

附录一

湖南省惩治土豪劣绅暂行条例

1927年1月

第一条 凭借政治力量经济力量或其他特殊势力（如团防等），在地方有左列行为之土豪劣绅，依本条例惩治之：

一、反抗革命或阻挠革命者；

二、反抗本党或阻挠本党及本党所领导之民众运动者；

三、勾结逆军盗匪蹂躏地方者；

四、杀害人民，及纵火、决水、强奸、掳掠者；

五、压迫平民因而致人有死伤，或损失者；

六、苛索民财，或假借名义敛财肥己者；

七、擅理民刑诉讼，或包揽讼词，压迫平民者；

八、破坏或阻挠地方公益者；

九、侵蚀公款者。

第二条 犯本条例第一条第一款至第四款之罪者，处死刑、无期徒刑或一等有期徒刑；其犯第一条第三款第四款之罪者，并得没收其财产。

第三条 犯本条例第一条第五款、第七款之罪者，处死刑、无期徒刑或二等以上有期徒刑。

第四条 犯本条例第一条第六款之罪者，处二等以上有期徒刑，并得没收其财产一部或全部。

第五条 犯本条例第一条第八款之罪者，处三等以上有期徒刑。

第六条 犯本条例第一条第九款之罪者，依左列处断：

一、十元以上未满五百元者，处四等或五等有期徒刑或拘役，并科千元以下之罚金；

二、五百元以上未满千元者，处二至四等有期徒刑，并科二千元以下之罚金；

三、千元以上未满三千元者，处一等或二等有期徒刑，并科六千元以下之罚金；

四、三千元以上者，死刑或无期徒刑，并没收其财产。

第七条 犯本条例之罪者，终身剥夺其公权。

第八条 本党党员犯本条例之罪者，加一等处断。

第九条 暂行新刑律总则与本条例不相抵触者，得适用之。

第十条 本条例最高之解释权属于省党部。

第十一条 本条例自省政府公布之日施行。

选自《湖南省志》，第1卷湖南近百年大事记述，第528页。

互校版本：长沙《大公报》，1927-01-29，第6版。

附录二

湖南省审判土豪劣绅特别法庭组织条例

1927年1月15日国民党湖南省执行会通过，湖南省政府公布

（长沙特邀通信）湖南省党部昨十五号午前十一时开执委会议提出《湖南省审判土豪劣绅特别法庭组织条例》草案，逐条讨论修改，二读通过，省略三读。共为十二条，即日函送省政府公布施行。录修正条文如下：

第一条 凡犯《湖南省惩治土豪劣绅暂行条例》之罪者，适用本条例所规定之特别法庭审判之。

第二条 犯罪之土豪劣绅，由县组织审判土豪劣绅特别法庭为第一审判，省组织审判土豪劣绅特别法庭为第二审判。

第三条 第一审判后，五日内附具全案，报由第二审复核。

第四条 第二审核准后，交县署执行。但认为有疑义时，应提案复审

第五条 第一审特别法庭委员会，依左列人员组织之：（一）县长；（二）县市党部联合选举一人；（三）县农民协会、县总工会、县商民协会、县教职员联合会、县学生联合会联合选举一人。

第六条 第二审特别法庭委员会，依左列人员组织之：（一）湖南省政府二人；（二）中国国民党湖南省党部二人；（三）湖南省农民协会、省总工会、省教职员联合会、省学生联合会联合选举一人。

第七条 第一审开庭时，由县长主席，第二审开庭时，由各委员互推一人主席。

第八条 特别法庭委员会设常务委员一人，第一审由县长充任，第二审由省政府委员之一员充任。

第九条 各委员会之审判，第一审须委员二人，第二审须委员四人之同意，始得判决之。

第十条 犯罪之土豪劣绅，特由被害地方各级党部各公法团告诉之。

第十一条 本条例之修改权及解释权，属于中国国民党湖南省党部。

第十二条 本条例经湖南省政府公布施行。

选自汉口《民国日报》，1927-01-19，第二张新闻第一页。

附录三

湖北省惩治土豪劣绅暂行条例

1927年3月

第一条 凭借政治、经济、门阀身份以及一切封建势力，或其他特殊势力（如凭借团防勾结军匪[①]）、在地方有左列行为之土豪劣绅，依本条例惩治之：

① “铅印本”此处为“土匪”，“油印本”此处为“军匪”；“草案本”此处也是“军匪”。

（一）反抗革命或阻挠革命及作反革命宣传者；

（二）反抗[①]或阻挠本党及本党所领导之民众运动（如农民运动、工人运动、商民运动、青年运动、妇女运动）者；

（三）勾结军匪，蹂躏地方党部[②]或党部人员者；

（四）与匪通谋，坐地分赃者；

（五）借故压迫平民，致人于死亡者；

（六）借故压迫平民，致人有伤害或损失者；

（七）包揽[③]乡间政权，武断乡曲，劣迹昭著者；

（八）欺凌孤弱，强迫婚姻，或聚徒掳掠为婚者；

（九）挑拨民刑诉讼，从中包揽，图骗图诈者；

（十）破坏或阻挠地方公益者；

（十一）侵蚀公款，或假借名义敛财肥己者。

第二条 犯本条例第一条一项至五项[④]之罪者，处死刑或无期徒刑，并得没收其财产。

第三条 犯本条例第一条六项、七项之罪者，处无期徒刑或一等有期徒刑，并得没收其财产。

第四条 犯本条例第一条八项、九项、十项之罪者，处一等有期徒刑或二等有期徒刑，并得没收其财产之一部或全部。

第五条 犯本条例第一条十一项之罪者，依左列处断：

（一）十元以上未满五百元者，处四等或五等有期徒刑，并科千元以下之罚金；

（二）五百元以上未满千元者，处二等至四等有期徒刑，并科二千元以下之罚金；

（三）千元以上未满三千元者，处一等或二等有期徒刑，并科六千元以下之罚金；

（四）三千元以上者，处死刑或无期徒刑，并没收其财产。

第六条 犯本条例之罪者，终身剥夺其公权。

第七条 《暂行新刑律·总则》与本条例不抵触者，得适用之。

第八条 凡触犯本条例各罪，另组湖北省审判土豪劣绅委员会审判，其条例另定之。

第九条 本条例之最高解释权属于中国国民党湖北省党部。

第十条 本条例经湖北省政府公布施行。

编者注：本条例根据以下版本进行校正：

---

① “铅印本”此处为“反抗”，“油印本”此处为“反对”，“草案本”此处为“反抗”。

② “铅印本”此处为“蹂躏地方或党部人员者”，“油印本”此处为“蹂躏地方或党部”，“草案本”此处为“蹂躏地方或党部及党部人员者”。

③ “铅印本”此处为“向揽乡间政权”，“油印本”此处为“向揽乡间政权”，“草案本”此处为“包揽乡村政权”。

④ “油印本”此处为“一项至五项”，“铅印本”误排为“一项至二项”。

（1）《中国国民党第二届中央执行委员会第三次全体会议宣言训令及决议案》，中国国民党中央执行委员会 1927 年 5 月铅印出版（简称“铅印本”）。该版本有几处错字、丢字。

（2）1927 年（中国国民党）中央军事委员会总政治部印行的与前者同名文件，内容完全相同。

（3）武昌“毛泽东同志旧居纪念馆”收藏的《湖北省惩治土豪劣绅暂行条例》油印本（简称“油印本”），该版本有几处残缺，以口代之。

（4）1927 年 3 月 6 日汉口《民国日报》登载的《惩治土豪劣绅条例草案》(简称草案本”）。

现以“铅印本”和“油印本”为主要依据，互有出入者，参照“草案本”互校注明。

附录四

湖北省审判土豪劣绅委员会暂行条例

1927 年 3 月

第一条 凡触犯《湖北省惩治土豪劣绅暂行条例》之各罪犯，依下列人员组织之审判委员会审判之：

（一）县，由县党部、县农民协会各选二人，县工会、县商民协会、县妇女协会、县学生联合会各选派一人，会同县长、司法委员，组织审判委员会。开庭时以县长为主席委员。

上举各人民团体有未成立者，其委员从缺。但无县党部及县农民协会之组织者，则不适用本条例。

（二）省，由省党部及省农民协会各选派二人，省商民协会、省总工会、省妇女协会、省学生联合会各选派一人，省政府委派二人，组织审判委员会，开庭时以政府委员一人为主席。

第二条 县、省审判委员会须设常务委员一人，县由县长、省由政府所派委员一人任之。

第三条 县、省审判委员会得设书记一人，由县、省审判委员会委任之。

第四条 县、省审判委员如有事故不能出席时，得由原机关派人代理。

第五条 县、省审判委员会办事细则，由各该审判委员会自定之。

第六条 县、省审判委员会之公开审判须有过半数委员出席，其审判结果须有过半数出席委员同意，始得判决之。

第七条 不服县审判委员会判决者，得于五日不变期间内，向原审判委员会声请上诉，由原审判委员会录案详请省审判委员会复判之。如逾期不声请上诉者，即照判执行。

第八条 各县土豪劣绅有逃往他县逮捕者，如必要时，交由当地县审判委员会审判之。

第九条 本条例修改权、解释权，属于中国国民党湖北省党部。

第十条 本条例经湖北省政府公布施行。

选自《中国国民党第二届中央执行委员第三次全体会议宣言训令及决议案》，中国民党中央执行委员会印行，中华民国十六年（1927 年）5 月出版，第 41-42 页。

附录五

田中忠夫对《湖北省惩治土豪劣绅暂行条例》的“图解介绍”

将打倒土豪劣绅委诸农民自不能不有多大的牺牲，所以在湖北自三月二日起施行《惩治土豪劣绅暂行条例》了。①据该条例第一条所谓土豪劣绅是：凭藉（借）政治、经济、门阀身份及一切封建势力或其他特殊势力（如勾结团防军匪）在地方有下列行为的人：

（一）反抗革命，或阻挠革命，或作为反革命的宣传者；

（二）反抗或阻挠国民党所领导的民众运动者；

（三）勾结兵匪而蹂躏地方党部或党部人员者；

（四）通匪而坐地分赃者；

（五）藉（借）端压迫平民而致死伤或损害者②；

（六）包揽农村政权侵蚀公款③劣迹昭著者；

（七）欺凌孤弱强迫婚姻或唆嫁孀妇④聚众掳抢者；

（八）挑拨民刑诉讼，从中包揽骗诉者；

（九）破坏或阻挠地方公益者；

（十）侵蚀公款③或假借名义敛财肥己者。

犯上列的罪的由湖北省土豪劣绅审判委员会审判（第八条），农民无直接的审判行判权。如此的土豪劣绅于终身剥夺其公权（第六条）之外根据罪底轻重照下面那么处罚：

第一项财产没收⑤

第二项同死刑或无期徒刑

第三项同

第四项同

第五项财产没收⑤无期徒刑或一等有期徒刑

第六项同

第七项财产一部或全部没收⑤

第八项同一等有期徒刑或二等有期徒刑

第九项同

第十项同⑥

一、十元以上五百元以下⑦四等、五等千元以下五百元以上一千元以下⑦二等⑧、四等有期徒刑六千元以下｝罚款0千元以上三千元以下⑦二等、一等⑨千元以下

四、三千元以上死刑、无期徒刑、财产没收

选自人民出版社辑:《第一次国内革命战争时期的农民运动》，北京，人民出版社，1953，第397-

403页。原注："原载《国民革命与农民问题》(日本人田中忠夫编)，1930年1月村治月刊社出版，《中国农业经济资料》1934年3月大东书局出版"。

编者注：田中忠夫之"图解介绍"中存在的主要问题有以下10点：

①"自三月二日起施行《惩治土豪劣绅暂行条例》了"。据查，"三月二日"是开会决定成立起草委员会的日子，不是实行条例的日子。据湖北历史文物部门考察，该条例公布日期是"三月十八日"，但尚未查到训令或布告原件，故仍标作"1927年3月"。

②关于条例第一条所列罪名田中氏是以草案为依据，但在定稿时已作修正。如第五项"借端压迫平民而致死伤或损害者"，定稿时分为两项，即第五项"借故压迫平民致人于死亡者"、第六项"借故压迫平民致人有伤害或损失者"，分别轻重规定不同刑罚。

③第一条第六项"图解介绍"是"包揽农村政权侵蚀公款劣迹昭著者"。其中，"侵蚀公款"与第十项中"侵蚀公款"重复，故在定稿时即将前项"侵蚀公款"删除。

④第一条第七项原草案中有"唆嫁孀妇"要处以刑罚，因与婚姻自由原则不符，在定稿时已删除。

以上②③④的错误是源于草案考虑不周，定稿已作删改。"图解介绍"中下列错误完全是田中氏的主观臆断，擅自改动原文。

⑤在"图解介绍"的"刑罚"部分自第一项至第十项都把"没收财产"放在前面，这既不符合条例原文，更违反刑法的常识，颠倒了主刑与从刑的顺序。

⑥"刑罚"第十项的划线不对，错划到与第七、八、九项一起，是不符合原意的。应将第七、八、九项划在一起，将第十项按条例规定注明"依左列处断"即可。

⑦第十项第一、二、三目中关于按贪污款数处刑的规定，对"以上""以下"的用法是不正确的，既违背法律常识，又不符合条例原文。

⑧第十项第二目原文是"处二等至四等有期徒刑"，"图解介绍"却写为"二等、四等有期徒刑"。将"至"字改成顿号，便把三等有期徒刑漏掉。

⑨第十项第三目原文是"千元以上未满三千元者处一等或二等有期徒刑"。"图解介绍"却改成"二等、一等"有期徒刑。可见，既脱离了原文，又颠倒了轻重刑的次序。

⑩最后的"罚款"应是"罚金"，可能是翻译的问题。

详情参见张希坡：《中华人民共和国刑法史》，北京，中国人民公安大学出版社，1998，第43-50页："田中忠夫'图解介绍'中存在的主要问题"。

社会效应：人民出版社1983年出版的《第一次国内革命战争时期的农民运动资料》不再收入田中忠夫的"图解介绍。"

作者简介

张希坡

1927年生于山东章丘，现为中国人民大学法学院教授，兼任革命根据地法制研究所所长。1947年2月在东北解放区参加革命，被派往佳木斯合江师范学习。1951—1953年在中国人民大学攻读法制史研究生，毕业后留校，历任法制史教研室主任、法律系副主任。主要著作有《中国近代法律文献与史实考》《革命根据地的工运纲领和劳动立法史》《革命根据地的经济立法史》《中国婚姻立法史》《中华人民共和国刑法史》《人民代表大会制度创建史》《革命根据地法制史研究与“史源学”举隅》《马锡五与马锡五审判方式》《广州武汉国民政府法制改革研究》。主编《中华民国开国法制史——辛亥革命法律制度研究》《中国革命法制史》《革命根据地法制史》《中国法制通史》第十卷·新民主主义政权等。

展厅故事

Stories in the Halls

中國法院博物館
CHINA COURT MUSEUM

皋陶

司法鼻祖

古代狱神异兽——皋陶与獬廌

据史书记载，早在帝舜时代，就出现了“造律”“治狱”的著名人物皋陶（读为 gāo yáo）。皋陶曾担任“士”的职务，是当时掌管审判、司法的最高级别的官员，是中国第一位史书上有记载的“首席大法官”。据说皋陶判案遇到疑难案件时，就会让上古神兽獬廌来判断是非曲直。皋陶与獬廌在中国审判历史上的影响可谓深远。

皋陶

据史书记载，帝舜时令皋陶“作士，五刑有服，五服三就”，掌管刑罚。皋陶还协助大禹平治水土，且“敬禹之德，令民皆则禹，不如言，刑从之”。皋陶也因此被后世称为“中华司法鼻祖”。

《尚书 · 皋陶谟》一文记述了皋陶与禹讨论如何实行德政治理国家的问题，这篇文章的大部分内容都是皋陶的发言。

根据《尚书 · 皋陶谟》，皋陶提出了人的 9 种美德，“宽而栗，柔而立，愿而恭，乱而敬，扰而毅，直而温，简而廉，刚而塞，强而义。彰厥有常吉哉!”提倡重用具备这 9 种美德的人，让社会安定和谐。

皋陶提出要管理者要严格要求自己，提高自身的品德修养，用“五典”“五礼”“五服”等礼义制度来规范人们的社会行为。其中“五典”指父义、母慈、兄友、弟恭、子孝；“五常”为君臣、父子、兄弟、夫妇、朋友；“五礼”即指天子、诸侯、大夫、士、庶民五种等级的礼节；“五服”指天子、诸侯、卿、大夫、士五种不同的礼服。其目的是利用礼义制度规定的等级秩序来约束人们的社会行为。

皋陶认为，上天根据庶民的感受考察政治得失，明确指出了上天的态度就是民众的态度。皋陶把难以测度的天意改为民众之意，这是古代认识论的一大进步。

獬廌

獬廌，也称解廌或解豸，是古代传说中能辨善恶忠奸的异兽。传说獬廌大者如牛，小者如羊，或说似鹿，喜欢居住在水边，全身长着浓密黝黑的毛，怒目圆瞪，双目明亮有神，额上通常长一角，俗称独角兽。相传獬廌“能辨曲直，见人争斗，即以角触不直者”，见到有两人起纷争时便会用它的独角顶向理屈的一方推至其跌倒，如果是奸诈小人，它会毫不留情地把他抵死；见到贪官污吏，它会冲上去，用角抵倒，然后囫囵吞下。所以，在古代獬廌就成了执法公正的化身，成为法律公正的象征，自古以来被认为是驱害辟邪的吉祥瑞物，人们经常引用獬廌的形象，取意于对中国传统司法精神的继承。

考古发现的獬廌形象在秦之前都是一角羊的造型，东汉之后出现牛形獬廌，明清时，獬廌已经演化为类似麒麟的独角神兽了。

相传在春秋战国时期，楚文王曾获一獬廌，依其形制成冠戴于头上，于是上行下效，獬廌冠在楚国成为时尚。秦国灭楚后，将獬廌冠赐给执法官员。从此，獬廌与法官结下不解之缘。

相传皋陶以正直著称，被舜任为掌管刑法的官员后，他判案经常使用的秘诀就是请獬廌帮助评判是非曲直。《论衡 · 是应篇》记载：“儒者说云：觟（角虎）者，一角之羊也，性知有罪。皋陶治狱，其罪疑者令羊触之，有罪则触，无罪则不触。斯盖天生一角圣兽，助狱为验，故皋陶敬羊，起坐事之。此则神奇瑞应之类也。”《说文》：“觟，

魏晋时期青铜獬廌，1956年出土于甘肃省酒泉市
下河清十八号墓，现收藏在甘肃省博物馆

牝羊角者也，从角，圭声。”而觟𧣾作为汉代所推崇的符瑞，又附会成独角兽獬廌，也就是说皋陶是靠这种独角羊的神性来审理案件的。

作为公平公正的化身与象征，獬廌与法也有着密不可分的联系。古体的“法”字写作“灋”，是廌、法二字合为一体。所以从“廌”，即取獬廌公正不阿之意；所以从水，取“法平如水”之意。獬廌就这样被认定为公平公正的象征。由“灋”到“法”，“廌”字虽然已被隐去，然而它代表的追求公平公正的中国法律文化传统一直延续至今。

“五听”
——中国古代判官的审讯艺术

中国法院博物馆的古代审判展厅中，介绍了一种名为“五听”的审判方式。“五听”即“辞听”“色听”“气听”“耳听”“目听”，是运用察言观色的方法，通过对当事人心理活动的考察，从而揭露犯罪事实，平反冤屈的审讯方式，在中国古代司法审判中经常使用。

“五听”的历史演变

“五听”形成于西周时期，最早见于《尚书 · 吕刑》，“两造具备，师听五辞，五辞简孚，正于五刑”，其中“五辞”即“五听”，就是在审判活动中，原被告双方都到齐后，司法官员须通过五个方面的考察，来判断他们陈述的真伪。

《周礼 · 秋官 · 小司寇》对“五听”的方式作了具体解释：“以五声听狱讼，求民情，一曰辞听，二曰色听，三曰气听，四曰耳听，五曰目听”。“辞听”就是察其言词是否不直，不直则理曲，直则理正；“色听”就是察其颜色，理曲则色变，理直则色不变；“气听”就是察其呼吸，理曲心虚则呼吸急促，理直则呼吸正常；“耳听”即察其听觉，理曲则惑，理直则不惑；“目听”就是察其眼神，理曲则失神，理直则坦然。通过辞、色、气、耳、目五方面的异常变化，观察当事人的内心活动，以求得实情。因此，“五听”作为一种审讯方式，注意对当事人心理活动的观察，具有浓厚的心理学色彩。这比起夏商时期常用的单纯依靠神明证据及刑讯逼供的审讯方式，无疑是一个进步。

秦朝时的司法官员非常重视当事人的言辞，审判官通过“五听”的运用，并结合反复审讯或刑讯的办法，将案件真相查出，做出合理裁断。秦律规定凡狱讯“必先尽

辞听	观其出言，不直则烦	观察当事人的语言表达，理屈则言语错乱
色听	观其颜色，不直则赧然	观察当事人的面部表情，理曲者则面红
气听	观其气息，不直则喘	观察当事人的呼吸，无理则紧张喘息
耳听	观其听聆，不直则惑	观察当事人的听觉，理亏则听语不清
目听	观其眸子，不直则眊然	观察当事人的眼睛，无理则双目失神

中国法院博物馆“五听”展板介绍

听其言而书之”，如果供词矛盾或情节陈述不清，可以反复讯问。汉朝对被告进行审讯，称作“鞫狱”，并沿用“五听”之法。

唐朝在法律中要求司法官员断狱时必须运用“五听”的审判方式。《唐律 · 断狱》规定，“诸讯囚者，必先以情，审察辞理，反复参验；犹未能决，事须讯问者，立案同判，然后拷讯”。《唐律疏议》予以注解云，“察狱之官，必备五听，又验诸证信，事状疑似，犹不首实者，然后拷掠”，意即先认真听取原被告双方的陈述，再通过验证物证的方式，如有出入再使用刑罚。宋朝审讯运用“五听”的方式与唐朝类似。

明朝要求司法官员在审判时“观于颜色，审听情词”，《皇明制书》中提到，“其词语抗厉，颜色不动者，事理必真，若转换支吾，则比理亏。”清朝也继续使用“五听”的审判策略，《大清律例》规定：“凡狱囚徒流死罪，各唤囚及其家属，具告所断罪名，仍取囚服辩文状。若不服者，听其自理，更为详审。”

“五听”在审讯中的运用

“五听”作为我国古代的主要审讯方式，在司法案件中多有应用。《列子 · 说符》篇记载，晋国多盗，请郤雍去捕盗，郤雍采用察颜观色的办法，通过对被告眉睫之间的观察便能查其实情，百无一失。《韩非子 · 难三》篇也记载：郑子产晨出，过东匠之闾，闻妇人哭声，便停车听了一会儿，派官吏将她抓起来审讯，果然是一个谋杀亲夫的罪犯。事后有人问他是怎么知道的，子产说：凡人对于他们的亲人都是始病而忧，临死而惧，已死而哀，但这个妇女的哭夫声不哀而惧，所以知道其中定有奸诈之情。这两个案件，可以说是中国古代早期运用“五听”方法破案的典型案例。

“五听”在中国古代审讯中的运用主要有以下两种情况。

第一，通过“五听”察言观色的方法辨诬雪冤。《明会要》载：明朝建文帝为太孙时，官兵捕获盗贼七人，他对七人仔细观察之后，对太祖朱元璋说，只有六个人是真盗，另外一个人是被冤枉的。经审讯之后果然如此。太祖问他是怎么知道的，他回答说《周礼》听狱，色听为上，此人眸子了然，顾视端详，肯定不是盗贼。这一记载，虽有夸张之处，但比较客观地反映了这一方法在辨诬雪冤中的作用。

第二，运用“五听”证实罪犯的犯罪事实。在许多案件中，尽管罪犯的疑点很多，但由于缺乏确凿的证据，难以定案，在这种情况下，运用“五听”察言观色的方法，对罪犯施加心理压力，往往能出其不意，迫使罪犯供认犯罪事实。在清末吴趼人的《我佛山人笔记》中，就记载了这样一则案例：清苑县有兄弟二人各自分居，弟妇为谋夺弟之家产，在食物中放了毒药，不料兄子即侄子因腹饥先食，中毒而死，弟妇便又转诬是侄媳谋杀亲夫。由于证据不足，当事人又屡供屡翻，因此积三年不能定案。直隶总督要求某知府重审，知府在经过初步调查后，于第二日再审时，充分运用了“五听”察言观色的方法。他先对众人说：“昨夜我梦见死者对我说：“凶手不是我的妻子。杀我者，右手掌变青，白睛色变黄。”说完，以目环视众人，然后指着弟妇说：“你就是凶手，我说‘杀人者右掌变青’的时候，旁人皆神色自若，唯独你却急视手掌，这是你自己招供了；我说‘杀人者白睛变黄’的时候，旁人神色自若，唯独你丈夫急忙看你的眼睛，这是你丈夫替你招供了，你还有什么可抵赖的！”弟妇

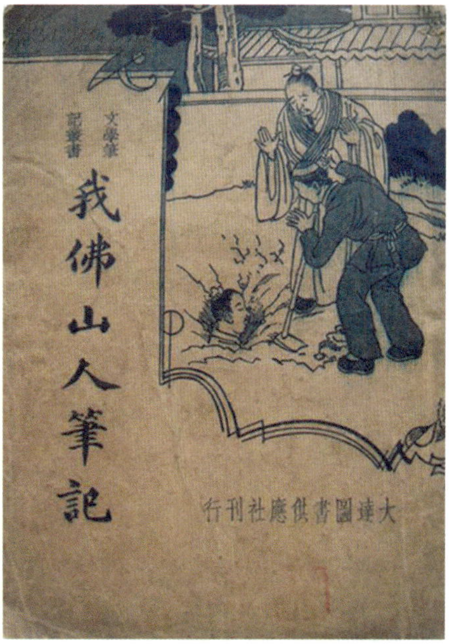

《我佛山人笔记》

惊慌失措，连忙招供了犯罪事实。事后知府对人说："我破此案并非神明，仅仅是运用了'察言观色'四字诀窍罢了"。由于年代已久，又没有其它确凿的证据可以佐证，知府便利用了罪犯心理上的弱点，通过察言观色，在罪犯心理失去平衡并形于颜表之际，出其不意地指出罪犯。

"五听"的合理性与局限性

"五听"能够得到历朝历代司法官员的认可，说明其具有相当的合理性。

第一，"五听"符合现代心理学的逻辑。"五听"要求古代司法官员在审理案件时，亲自坐堂问案，面对面地听取当事人的陈述，并观察其表情和神色。"观其出言，不直则烦；观其颜色，不直则赧然；观其气息，不直则喘；观其听聆，不直则惑；观其眸子，不直则眊然"，这与心理学中"心理刺激与生理反应对应伴生关系"相暗合，即只要有某种心理刺激就会出现相应的生理反应。审判官就可以通过这些不同的生理反应来推断原被告双方是否在庭审中说了实话，再运用一些审讯技巧，进而比较分析和综合判断，准确查明案件事实。

第二，"五听"符合审判的直接言词证据原则。直接言词证据原则是指法官亲自听取双方当事人、证人及其它诉讼参与人的当庭口头陈述和法庭辩论，从而形成案件事实真实性的内心确认，并据以对案件作出裁判。"五听"要求原被告双方都应在场，法官亲自审理，以人的感性认识为基础，进而上升为理性认识，运用事理、情理和逻辑推理对案件事实进行判断。这是直接言词原则在我国古代审判中的最早尝试。

第三，"五听"体现了对古代司法官员职务行为的高标准严要求。"五听"要求司法官员具备较强的观察能力和分析能力，在以口供为主要定案证据的古代，"五听"是获取案件证据的重要形式，司法审判官员必须通过对原被告双方的种种表现，寻找蛛丝马迹，进而找到案件的突破口，"体察民情，通晓风物"，做到准确判案。

但与其他法律制度一样，"五听"也有其局限性。首先，"五听"制度过于强调司法官利用察言观色作出判断，缺少相应的实物证据相印证，具有较大的任意性和盲目性，很容易导致主观擅断。其次，"五听"过于强调口供的价值以及破案效率，容易导致刑讯逼供，这在历史案件中多有体现，一旦所谓的犯罪嫌疑人不服判决，动辄鞭笞刑讯，往往造成冤假错案。最后，"五听"对于司法官员素质的高要求，与司法官员准入门槛的专业程度有出入，古代科举考试对于司法断案的专业能力缺乏考查，继续教育与培训机制也并不完善，所以司法官员的水平参差不齐，就会使得“五听”并不能发挥其应有的作用。

苏区的反腐案件审判

我们党历来把反腐败斗争作为党风廉政建设的重要内容。早在建党初期，我党即坚持全心全意为人民服务宗旨，开启了同腐败现象坚决斗争的历程。中国法院博物馆“人民审判历程”展厅通过实物藏品、图文、视频等多种形式全面展示了“苏区的反腐案件审判”。

油画《红都枪声》描绘的谢步升被处决场景

1931 年 11 月，中华苏维埃共和国成立，1932 年 2 月 19 日，中央政府第七次常委会决定组建临时最高法庭，并委任何叔衡为临时最高法庭主席。临时最高法庭是苏维埃最高法院成立前苏区最高的审判机关，代行最高法院职权，统一领导苏维埃的审判工作。从此各苏区的法律制度趋于统一，初具规模的工农民主政权的法律体系也逐步建立起来。

为了巩固根据地新生政权、安定社会秩序及动员人民群众投身革命和生产，各级司法机关掀起反腐风暴，惩处了一批苏维埃干部队伍中的贪污腐化分子，赢得了苏区百姓的称赞，对根据地的快速发展起到了重要作用。

谢步升——我党反腐败历史上判处死刑的第一个贪官

谢步升，家境贫穷，12 岁时给地主打短工。1929 年参加工农武装暴动，任云集暴动队队长。1930 年参加中国共产党，并任叶坪村苏维埃政府主席。任职期间，将打土豪时没收的大量财物据为己有，侵吞公款 300 多元；倚仗权势，奸淫妇女；伪造通行证贩运物资到白区出售，谋取私利；秘密杀害干部和红军军医。

这是苏维埃临时中央政府成立以来发生的第一桩腐败案，事发后，查办案件遇到一定阻力。时任瑞金县委书记的邓小平指出 ：“我们苏维埃政权建立才几个月，有的干部就腐化堕落，贪赃枉法，这叫人民怎么相信我们的党，相信我们的政府?”毛泽东知道这件事后指示：“腐败不清除，苏维埃旗帜就打不下去，共产党就会失去威望和民心！与贪污腐化作斗争，是我们共产党人的天职，谁也阻挡不了！”1932 年 5 月 5 日，瑞金县苏维埃裁判部判处谢步升死刑。谢步升不服，向中华苏维埃共和国临时最高法庭提出上诉。

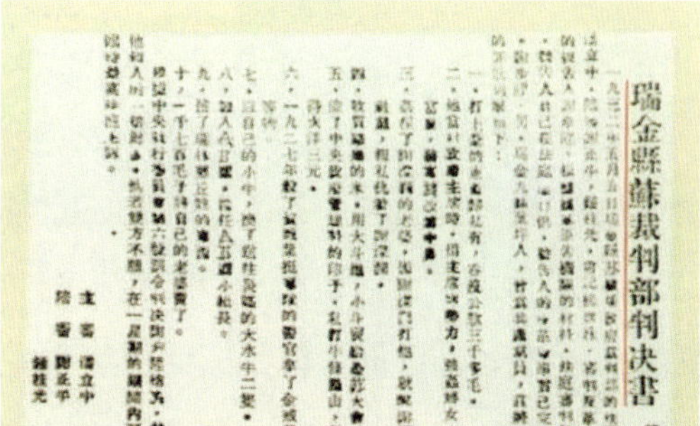
瑞金縣蘇裁判部判決書
第八號

谢步升贪污杀人案一审判决书

1932 年 5 月 9 日，中华苏维埃临时最高法庭组成以梁柏台为主审的二审法庭开庭。经审理，驳回上诉，维持原判。同日下午，谢步升被依法执行枪决。红都瑞金响起了中华苏维埃共和国临时中央政府成立后惩治腐败分子的第一次枪声。

熊仙璧渎职贪污案——苏维埃时期级别最高的领导干部腐败案件

于都县隶属1933年8月成立的苏区粤赣省，东邻中华苏维埃共和国临时中央政府所在地瑞金，西接苏区对外贸易的主要城市——时为白区的赣州（赣县），水陆交通便利，地理位置十分重要。在粤赣省中，于都堪称斗争历史久、群众基础好的县。然而自1933年夏以来，各项工作一再落后，严重事件不断发生，引起中央政府的关注。

1934年3月，中央工农检察委员会主席项英亲自带领调查组进驻于都，经调查核实，查明于都县党政机关领导干部集体腐败，各级机关贪污成风，大家不但不以为意，反而互相包庇，互相隐瞒。一旦被检举，不是搁着不办，就是马虎赔款了事。贪污分子上至县苏维埃主席，下至乡苏维埃代表，贪污方式也多种多样。

熊仙璧是苏维埃时期因贪污被审判的级别最高的领导干部，时任于都县苏维埃政府主席。在任期间，熊仙璧利用职权，贪污、挪用公款，以权谋私，做投机买卖，强借公款50元给其弟做贩盐生意。受其影响，于都县大部分工作人员都私自参与经商，贪污挪用之风盛行，严重败坏了党和苏维埃政府在群众中的威望，影响了各项工作的正常开展。

1934年3月20日，中央执行委员会发布命令，撤销熊仙璧的中央执行委员和于都县苏维埃政府主席职务。3月25日，最高法院遵照中央执行委员会的命令，组成了以董必武为主审，何叔衡、罗梓铭为陪审，李澄湘、邹沛甘为书记，梁柏台为临时检察长的最高特别法庭，审判熊仙璧渎职贪污案。

经审理，熊仙璧被判处监禁一年。这一事件，史称“于都事件”，在中央苏区引起极大震动。中央人民委员会主席张闻天为此专门撰写了《于都事件的教训》一文，向中央苏区党政干部敲响了反腐警钟。临时中央政府机关报《红色中华》对贪污浪费案件中涉及的浪费款项等犯罪事项均予以披露，作公开报道。同时，《红色中华》开办多个专栏，大量刊登工农通讯员、突击队员和普通群众的来信，揭露贪污浪费等腐败现象。

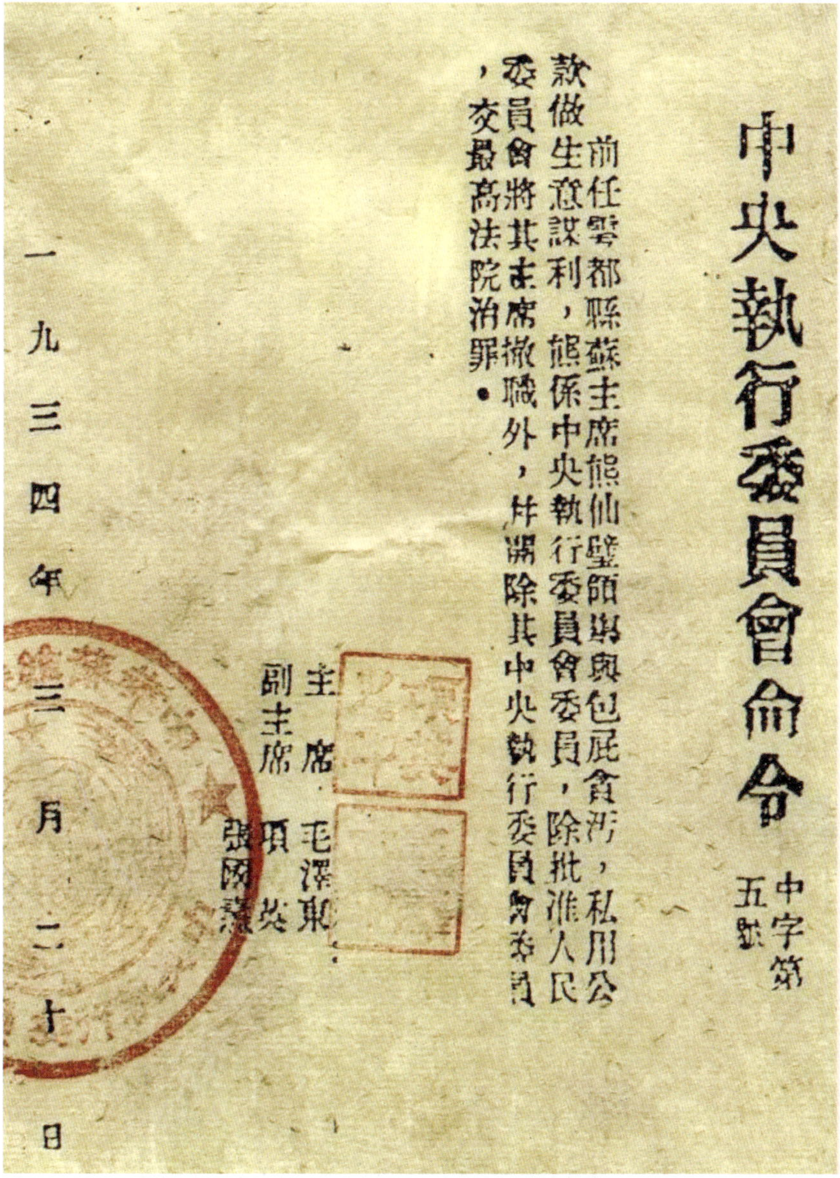

中央執行委員會命令

中字第五號

前任雩都縣蘇主席熊仙壁頗與與包庇貪污，私用公款做生意謀利，熊係中央執行委員會委員，除批准人民委員會將其主席撤職外，并開除其中央執行委員會委員，交最高法院治罪。

主　席　毛澤東

副主席　項　英

張國燾

一九三四年三月二十日

中央执行委员会关于撤销熊仙壁职务、移交最高法院审判的命令

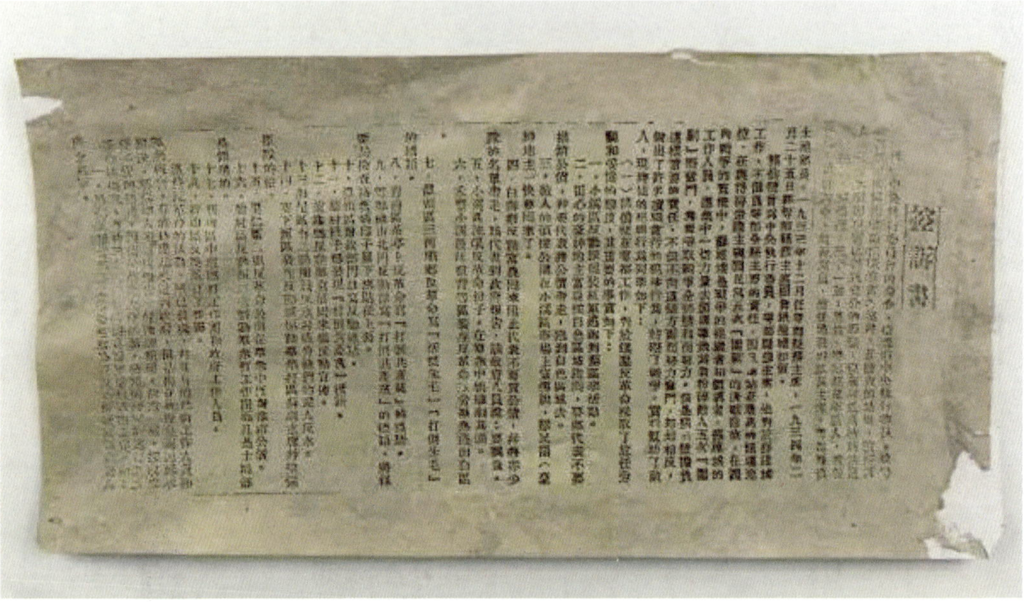

控訴書

最高特别法庭临时检察长梁柏台出庭支持公诉熊仙壁渎职贪污案的控诉书

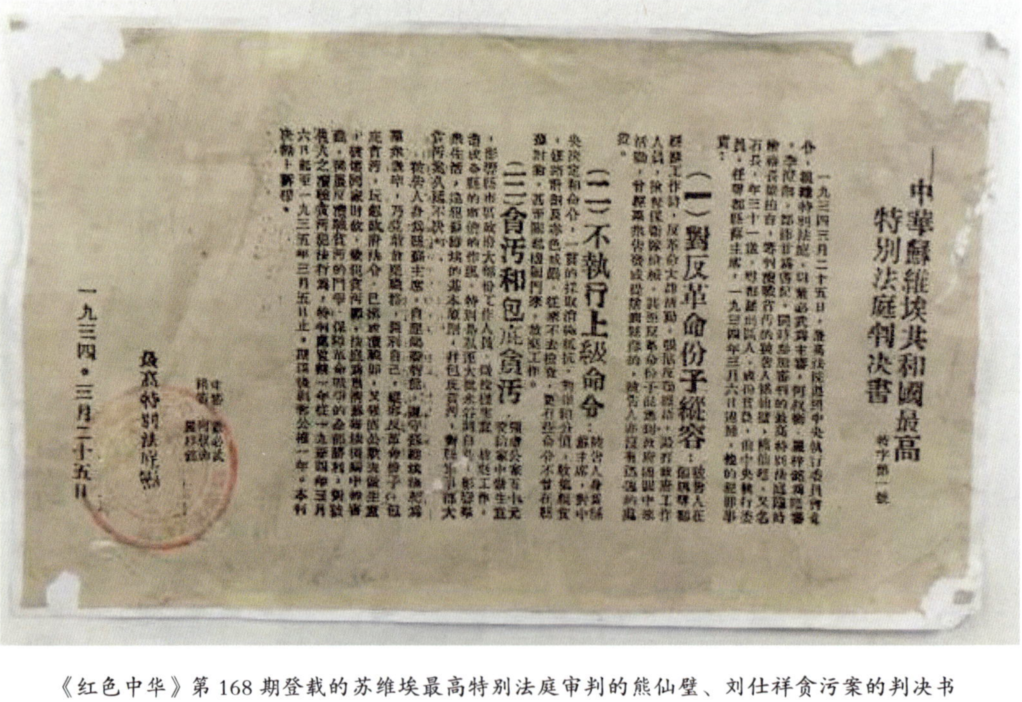

中華蘇維埃共和國最高特別法庭判決書

特字第一號

(一)對反革命份子縱容

(二)不執行上級命令

(三)貪污和包庇貪污

最高特別法庭

一九三四・三月二十五日

《红色中华》第168期登载的苏维埃最高特别法庭审判的熊仙壁、刘仕祥贪污案的判决书

苏维埃时期的反腐法律制度建设

1934年1月4日，《红色中华》发布了一份由中华苏维埃共和国临时中央政府主席毛泽东、副主席项英共同签署的《中央执行委员会第二十六号训令———关于惩治贪污浪费行为》以及中央工农检察部的一封《怎样检举贪污浪费》的信，号召苏区广大军民立即行动起来，迅速开展检举和惩治贪污浪费行为的斗争。

中华苏维埃临时最高法庭审理的大部分案件都刊登在当时的中央机关报《红色中华》上，中国法院博物馆陈列着刊有查处贪污腐化案件并移送法庭审判等相关内容的《红色中华》报纸。

董必武同志时任中华苏维埃共和国临时最高法庭主席，最高法院院长、工农检察委员会副主任。作为中央苏区司法工作的重要领导人，董必武为颁布反腐法律做出了重要贡献。1933年12月，中共历史上第一份反腐肃贪法令出台，明文规定了贪污金额和量刑标准，比如规定凡机关和国营企业公共团体的工作人员，贪污公款500元以上的处以死刑，300元以上、500元以下的处以2年以上、5年以下监禁等。

通过反腐败斗争的洗礼，中央苏区的广大干部党员，都自觉地把自己置身于人民的监督之下，艰苦朴素、廉洁奉公、任劳任怨、公而忘私在中央苏区干部和党员中蔚然成风。

“法律面前人人平等”
——陕甘宁边区的两起典型案件

抗日战争时期，陕甘宁边区法院根据抗日民族统一战线的总方针，积极开展司法审判工作，实践“严格适用法律，法律面前人人平等”的法律原则，赢得了人民群众的拥护和支持，为取得抗日战争和解放战争的胜利奠定了坚实的基础。

这一时期，陕甘宁边区政府已在立法中确立了严格适用法律、法律面前人人平等的原则，并在案件审理过程中得到体现。对于腐化变质的党员干部，不论其出身如何、党龄多长、职务多高、贡献多大，一律严惩不贷。黄克功枪杀刘茜案和肖玉璧贪污腐败案是抗战时期在延安影响重大的两起刑事案件。

黄克功枪杀刘茜案

“黄克功案件”在当时是一件惊天大案，也是我党严格适用法律、坚持法律面前人人平等原则的一个经典案例。正如民主党人李公朴评价此案件的审判时说：“它为将来的新中国建立了好的法律的榜样。”

黄克功，江西南康人，1927 年参加革命，1930 年参加中国工农红军，同年入党。参加过井冈山斗争和两万五千里长征，历任红军班长、排长、连长、营政治教导员、师政治部宣传科长、团政委。在二渡赤水的娄山关战役中立大功。延安时期任中国人民抗日军政大学第二期第 15 队队长、第三期第 6 队队长。

1937 年 10 月 5 日，因向陕北公学女学生刘茜求婚不成，枪杀了刘茜。此案在延安引起了激烈争论，形成了杀与不杀两种意见。一部分人认为，杀人偿命，天经地义，共产党人也不能例外；另一部分人认为，抗日战争正是用人之际，黄克功身为红军军官、革命功臣，为了一个平民女子而被枪决未免太可惜了，可以让他戴罪抗日、

黄克功（中）

将功赎罪。

黄克功写信给中央说，如果必须执行死刑的话，希望死在与敌人作战的战场上。他在信中写道："念我十年艰苦奋斗，一贯忠于党的路线，恕我犯罪一时，留我一条生命，以便将来为党尽最后一点忠。"时任陕甘宁边区高等法院代院长的雷经天同志将黄克功在狱中所写书信转给了毛泽东同志。

毛主席在给雷经天的复信中指出："黄克功过去的斗争历史是光荣的，今天处以极刑，我及党中央的同志都是为之惋惜的。但他犯了不容赦免的大罪，一个共产党员、红军干部而有如此卑鄙的，残忍的，失掉党的立场的，失掉革命立场的，失掉人的立场的行为，如赦免他，便无以教育党，无以教育红军，无以教育革命，根据党与红军的纪律，处他以极刑。正因为黄克功不同于一个普通人，正因为他是一个多年的共产党员，正因为他是一个多年的红军，所以不能不这样办。共产党与红军，对于自己的党员与红军成员不能不执行比一般平民更加严格的纪律。当此国家危急革命紧张之时，黄克功卑鄙无耻残忍自私至如此程度，他之处死，是他自己的行为决定的。一切共产党员，一切红军指战员，一切革命分子，都要以黄克功为前车之鉴。请你在公审会上，当着黄克功及到会群众，除宣布法庭判决外，并宣布我这封信。对刘茜同志之家属，应给以安慰与体恤。"

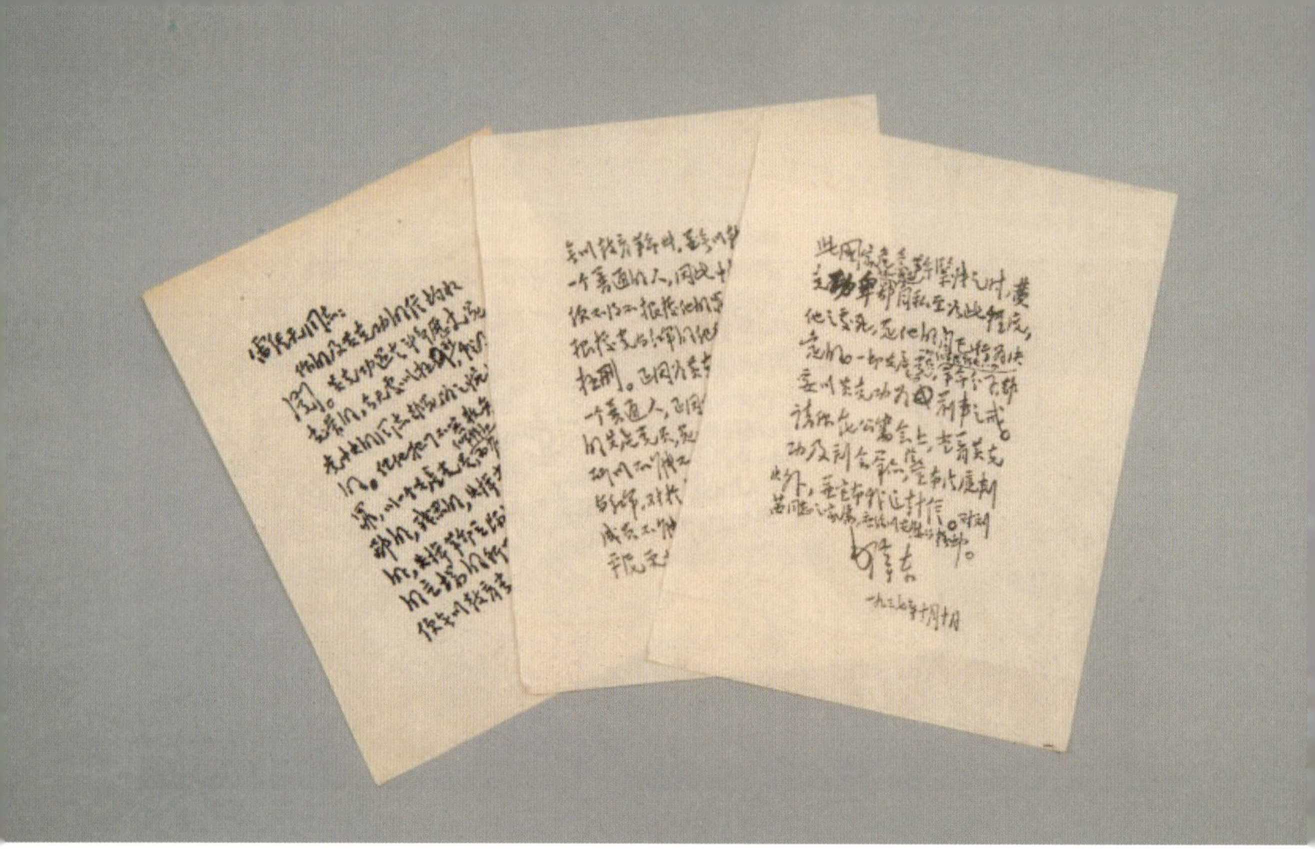

黄克功案件毛主席写给雷经天院长的信

1937年10月11日，陕甘宁边区高等法院由雷经天担任审判长，在陕北公学公开审理此案。胡耀邦、王卓超、徐时奎出庭公诉。公诉书中指出：黄克功对刘茜实系求婚未遂以致枪杀革命青年，在黄克功的主观上属强迫求婚，自私自利无以复加。黄克功曾系共产党员，又是抗大干部，不顾革命利益，危害国家法令……应严肃革命的纪律，处以死刑，特提请法庭公判。黄克功在法庭上坦白交代犯罪经过并作了扼要检讨。随后，法庭经过审理当庭宣布判处黄克功死刑。

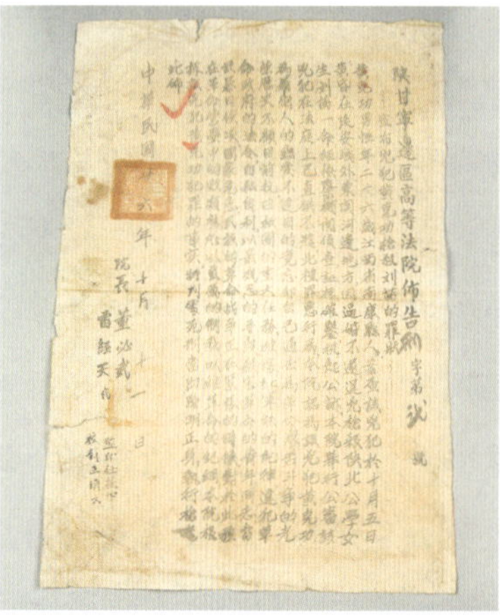

1937年10月11日陕甘宁边区高等法院判黄克功死刑的布告

担任审判此案的公诉人之一的胡耀邦，在抗日军政大学校刊《思想战线》上发文阐明公正公开审理此案的意义："必须使我们全党知道，执行纪律也是教育形式的一种，如果我们开除了一个坏分子，不但不会使我们的队伍减弱，相反的只有使我们党、我们的队伍更加强健起来！”

肖玉璧贪污腐败案

抗战爆发后，为了保卫边区，维护根据地的社会秩序，保护人民的权益，边区参议会和边区政府相继制定了一系列刑事法规。严厉惩治贪污是这一时期法律法规重点内容之一。1938 年 8 月，陕甘宁边区政府颁布《惩治贪污暂行条例》(草案)，规定对克扣或截留、盗窃、侵吞、强占、浪费公共财物、挪用公款、虚报账目、营私舞弊、敲诈勒索收受贿赂、违法收募捐税等 10 种行为，皆按贪污论罪，并具体规定了惩治办法。1939 年，陕甘宁边区政府制定了正式的《陕甘宁边区惩治贪污条例》重申对违反政策法规，腐化堕落的分子及时予以处罚。肖玉璧案件便发生在这一时期。

肖玉璧，陕西清涧人，1933 年参加革命，曾参加过多次战斗，仅身上留下的伤疤就有 90 多处，战功赫赫。后因伤病离开部队到地方工作。

1937 年 12 月，肖玉璧任陕甘宁边区清涧县张家畔税务所主任。在任期间，肖玉璧以功臣自居，不满于官职太小，工作态度非常消极。1938 年，国民党军队在抗战正面战场上节节溃败，八路军在敌后开辟抗日革命根据地。这一时期，肖玉璧遇到了国民党军内蒙古独立旅旅长常崇耀，此后便经常勾结常崇耀联合招募新兵，企图背叛革命。同时，肖玉璧开始在征税时采取多收少报、不记账的方式贪污公款。当时征税有时征收的是实物，比如粮食和食油等，肖玉璧就利用职权，把征来的粮食和食油等实物税收变卖给国民党部队。1938 年间共贪污公款 280 元，同年 12 月又贪污公款 1520 元，1939 年 1 月又私扣公款 1000 元，共计 2800 元，全都不记账。

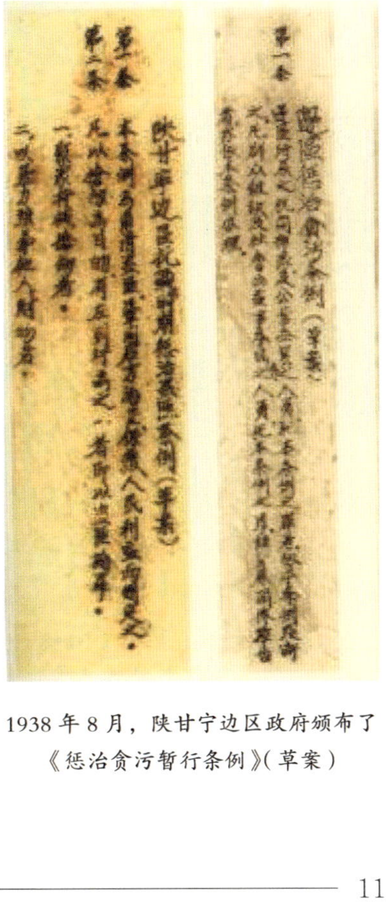

1938 年 8 月，陕甘宁边区政府颁布了《惩治贪污暂行条例》(草案)

1939 年 1 月，边区财政部开始派人调查肖玉璧的贪污情况。闻讯后肖玉璧携带公款250元，税票18张逃跑。1939年4月，肖玉璧逃至绥远东胜县，再次为常崇耀招募新兵，换取报酬。后被边区政府发现捕获，送交边区保安处，1941年6月转送边区高等法院检察处。7月18日由检察员刘临福出庭公诉，高等法院依据边区《陕甘宁边区惩治贪污暂行条例》，判处其死刑。肖玉璧不服，向毛主席求情。毛主席对林伯渠说："你还记得我怎样对待黄克功吧？那么，这次和那次一样，我完全拥护法院判决。"贪污犯肖玉璧被执行枪决。

肖玉璧案在边区引起了强烈反响。1942年1月5日，《解放日报》专门发表评论，指出："肖玉璧被判处死刑了，因为他贪污，开小差，为升官发财以至叛变了革命；虽然他还当过一些不小的'官'——区主席、贸易局副局长、税务分局局长等等……我们一定要做到：在'廉洁政治'的地面上，不容许有一个肖玉璧式的莠草生长！有了，就拔掉它！"

黄克功和肖玉璧案的审判，使法律面前人人平等的原则深入人心。此后，陕甘宁边区和在敌后开辟的大小18个抗日民主根据地的司法审判工作，坚持司法公正，坚持法律面前人人平等，不仅为巩固和促进抗日民族团结从而最终取得抗战胜利起到积极作用，也为新中国的法制和司法工作奠定了坚实的基础。

马锡五审判方式：
我国司法史上的重要里程碑

中国法院博物馆馆内展出的马锡五照片

“马锡五审判方式”是新民主主义革命司法史上唯一以干部名字命名的审判模式，它产生于陕甘宁边区创建新民主主义司法制度的探索过程中，不仅在当时成功推广实践，而且对新中国民事诉讼立法产生了深远影响。在中国法院博物馆“人民审判历程”展厅内，以多种形式展现了马锡五审判方式。

马锡五长期从事人民司法工作。1943年，他在担任陕甘宁边区陇东专区专员兼高等法院陇东分庭庭长时，经常携案卷下乡，深入群众，调查研究，巡回审理，就地办案；实行审判和调解相结合，反对主观主义的审判作风，坚持法律原则，忠于事实真相。

1944年1月6日，陕甘宁边区政府主席林伯渠在边区政府委员会作边区政府工作总结报告时，第一次提出了马锡五审判方式的概念。林伯渠在总结报告“关于改善司法工作”部分中指出：“诉讼手续，力求简单轻便，提倡马锡五同志的审判方法以便教育群众，判决书必须力求通俗简明，废除司法八股”。

解放日报

马锡五同志的审判方式

《解放日报》社论《马锡五同志的审判方式》

同年 3 月 13 日，《解放日报》发表社论《马锡五同志的审判方式》，通过典型案例总结马锡五审判方式的经验，在抗日根据地引起了强烈反响。

毛泽东同志曾为马锡五题词，“马锡五同志：一刻也不离开群众”，指明了马锡五审判方式的实质。马锡五审判方式之所以受到各界专家学者的称赞和支持，究其原因，与这种审判模式的特点是分不开的。

调解与审判相结合　当事人心服口服

从 1941 年起，各抗日根据地民主政府相继颁发一系列适合本地区调解工作的单行条例和专门指示。调解作为边区法院解决纠纷的一种重要方式，其地位举足轻重。马锡五认为，调解必须依法讲理，“谁个劣，谁个不劣，谁个最甚，谁个稍次，谁个惩办要严，谁个处罚要轻，农民都有极明白的计算。”在华池县的封芝琴婚姻上诉案中，马锡五审判方式注重调解结案这一特点得到充分体现。

马锡五审理的封芝琴婚姻案中
封芝琴和丈夫张柏儿的合影

四岁的封芝琴由其父封彦贵包办，与张金才的次子张柏儿订婚。随后，封彦贵为多索聘礼，暗中将封芝琴许给张宪芝之子为妻。后来封芝琴与张柏儿偶尔相遇，一见钟情，双方表示自愿结为夫妻。不久，封彦贵收取高额聘礼，再次把女儿许给朱寿昌为妻。张金才获悉后，遂带人持械闯进封家，抢人回家成亲。封彦贵告至县上。县司法处认为聚众抢亲是违法的，遂一审判决

以封芝琴为原型编排的评剧《刘巧儿》

张金才有期徒刑6个月，张柏儿、封芝琴婚姻无效。封、张两家都不满。封芝琴步行80里，向马锡五告状。

马锡五受理上诉后，首先询问区乡干部及附近群众，多方了解案情，并找平时与封芝琴来往较多的人谈话，再亲自征求封芝琴和张柏儿的意见，知道她不愿意与朱寿昌结婚。案件事实基本掌握后，马锡五进行调解，并对封彦贵和张金才进行了思想教育。

马锡五在处理此案时，尊重当事人真实意愿，同时深入群众了解情况，进行多方调解。经过公开审理，根据1939年颁布的《陕甘宁边区婚姻条例》当庭宣判：依法撤销华池县原判；封芝琴、张柏儿自愿结婚，依据边区婚姻条例规定，符合婚姻自主原则，准予结婚，但应履行登记手续；张金才聚众抢亲，扰乱社会秩序，依法判处徒刑；封彦贵把女儿当财物多次高价出卖，违反婚姻法令，科处劳役。对此判决，当事人表示服判，群众认为入情入理，一对青年夫妻更是欢天喜地。

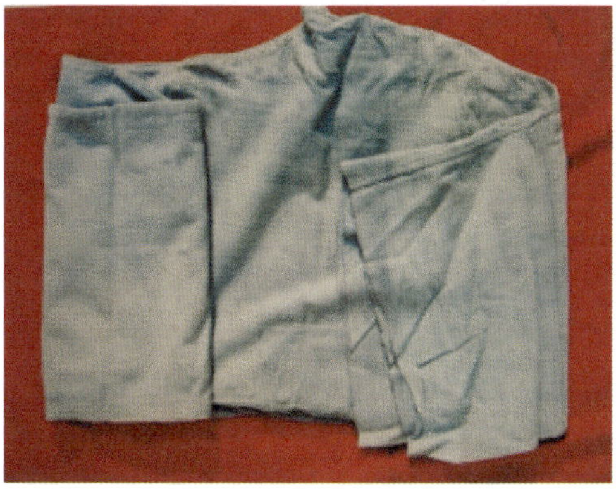

马锡五用过的毯子

由于实行调解与审判相结合的方式，经过马锡五审理的案件，都能做到案结事了。但是，在马锡五看来，调解不能适用于所有案件，“它只限于一般民事纠

1944年10月9日,《解放日报》刊登古元木刻《马锡五调解婚姻纠纷案》

纷和轻微刑事案件，而对社会危害性较大的刑事案件，是不能调解的。”调解过程中必须坚持“调解必须双方自愿，不能有任何强迫；调解必须遵守政府政策法令，照顾进步风俗习惯；调解不是诉讼必经程序”三个原则。

贯彻群众路线 密切联系群众

马锡五审判方式为何具有持久的生命力呢？事实上，就地审判、调解并非马锡五审判方式的原创，密切联系群众、坚持走群众路线才是其取得良好社会效果、赢得群众满意和拥护的根本原因。马锡五曾说：“当审判工作依靠与联系人民群众来进行时，也就得到无穷无尽的力量，不论如何错综复杂的案件或纠纷，也就易于弄清案情和解决。”

马锡五把党的群众路线贯彻到工作中，在调查时善于依靠群众，与群众打成一片，从而得以最大限度地了解案件来龙去脉。在切实了解案情的同时，他还广泛听取广大群众对案件的看法和处理意见，审判时斟酌参考，既保证了案件审理的正确性，又取得了良好的社会效果。

1944年在曲子县发生了一起无头凶杀案，经当地县司法处初步调查，认定苏发云兄弟三人有杀人嫌疑，理由是：有人看见被害人孙某遇害前曾与苏发云同路而行，并从苏发云家的炕上、地下和斧头上发现血迹。于是县司法处把苏氏三兄弟关押达1年之久，被关押人一直喊冤。县司法处因证据不足，既不能定案，但又不敢果断的排除嫌疑放人。

马锡五介入调查后，除了及时查阅案卷，亲自审阅、讯问案件当事人，还另派可靠同志化装成普通百姓，到当地与群众共同生活、生产一个多月，查明：（1）苏云发与被害人孙某同路行走及后来分手，都有他人证明。说明苏云发并未将孙某带到自己家里。（2）苏云发家离杀人现场二十多里，如果在苏家把孙某杀害，然后再将尸体移至二十多里外的第二现场，从时间上计算，是不可能的。（3）苏家的几处血迹，经仔细调查核实，炕上是产妇的血迹；地下的血是苏家有人患伤寒病流的鼻血；斧头上是宰羊的血迹。这样，便排除了苏氏弟兄的杀人嫌疑。

经过调查研究，马锡五掌握了犯罪嫌疑人杜老五利用斧头杀人的作案经过。但是，被害人的头颅和用来作案的斧头下落不明。马锡五力排众议，坚持要找到头颅与作案工具。经过调查，终于找到了令杜老五认罪的确凿证据。

马锡五在讨论案情

马锡五在调解纠纷

当群众听到民主政府当场宣布真凶落网、苏氏三兄弟无罪释放的消息后，赞扬说："这个案子要是放在旧社会的官僚衙门，官僚们高高在上，原先又有那么多'证据'，苏家三兄弟早就被杀头了。只有人民司法机关的负责人，才深入调查，不冤枉好人，判得非常正确。马专员真是'马青天'！"

在具体案件调解中，马锡五善于依靠有威望的群众给双方当事人做解释说服工作。他为人民解决纠纷，又依靠人民解决纠纷。他在物色这些人员时，一是尽量选择熟悉当事人和纠纷情况的人；二是要在群众中有威信，说话公道、处事公正的人；三是要和双方当事人无亲属关系及与案件无利害关系的人。

马锡五强调，群众参与判案不等于群众判案。在具体的司法过程中，"我们要尊重群众的意见，对于民事案件，必须征求当地群众的意见。刑事案件也要重视群众的意见，甚至在群众帮助下发现最重要的物证。但是我们也认识到群众不是法律专家，不熟练于侦查技术，他们的意见可能一时为犯罪者造成的假象所迷惑。所以不是无条件的采用，必须以政策法令作根据，看其是否与之相合。必须以科学的检查技术加以审查证验，看其是否合乎客观真实的证据。"马锡五如是说。

1944年以后，马锡五审判方式作为新型的、民主的审判方式，逐步成熟并且渐具影响力，给正在摸索中前进的新民主主义司法制度注入了新鲜的血液。毛泽东等党中央领导人敏锐地捕捉到了马锡五审判方式很好地适应了抗日战争状态下巩固人民民主政权的需要。1944年6月，毛泽东审阅的《陕甘宁边区建设简述》提出了"提倡审判与调解、法庭与群众相结合的审判方式（即马锡五方式）"。

马锡五审判方式随之在各抗日根据地进行大规模的推广和运用，各地调查研究蔚然成风，好的案例不断涌现，受到广大人民群众的欢迎，使抗日根据地的人民司法制度更加适应特定历史环境的需要，有效促进了根据地的安定与和谐。马锡五审判方式所体现的许多具体原则和做法以后被直接运用于新中国的民事诉讼中。

以联系群众、司法为民与公正司法为核心的马锡五审判方式，是我国司法制度发展史上的重要里程碑，至今还在源源不断地为我国司法改革提供"养分"。当下，人民法院司法改革注重对马锡五审判方式的精髓加以继承和应用，有助于构建公正、高效、权威的司法体制，维护人民权益，让人民群众在每一个司法案件中感受到公平正义。

马锡五与陕甘宁边区的土地审判

马锡五在担任陕甘宁边区陇东专区专员兼高等法院陇东分庭庭长时，创立了密切联系群众，深入调查研究，实行审判与调解相结合的巡回审判方式，收到了很好的效果，人民群众称他为“马青天”。

“马锡五审判方式”的主要特点即深入实际调查研究，不轻信诉状，陕甘宁边区多有农民之间关于土地的纠纷案件，马锡五审判方式能够有效地调解矛盾，解决问题，使当事人的合法权益得到保障。本文介绍的是马锡五审理陕甘宁边区土地纠纷的几个案例。

合水县王治宽企图霸占王统一场院地基案

王治宽是合水县五区六乡王家庄人，他父亲在世时，购买了高姓人的一块面积四段五亩的土地，合同上写明，王治宽的地，东、南、北三面都靠着王统一的地，西面是庄窑。但是王治宽企图霸占王统一家的一亩打粮场地基，遂故意歪曲方向，把南面说成西面，因此发生土地纠纷。

当时区乡干部及四邻群众出面调解，认为王治宽无理。王治宽却告到合水县政府，县司法处只凭诉状所说，偏听偏信，未往实地调查，直接将场地判归王治宽所有。

王统一不服，上诉到陕甘宁边区高等法院陇东分庭，庭长马锡五立即派石推事赴当地进行调查。石推事协同县、区、乡干部及合同上所写有关证人、四邻居住的老人等二十余人实地勘察，同时征询群众意见。干部群众摆事实讲道理，说得王治宽理屈词穷，承认了自己企图占地的错误做法。

经过群众评议，决定场地仍归王统一所有，王治宽给王统一“装烟赔礼”（当地农民一种敬人道歉的风俗），和解结案。群众称赞说：“真是清官断案啊”。

潘氏弟兄土地纠纷案

潘文治、潘焕文是陇东曲子县天子区人，为同族弟兄。清朝同治年间，西北一带爆发回汉冲突，潘氏弟兄流落异乡。叛乱平定后，潘文治回家耕种了全族的190亩滩地。接着，潘焕文回家，和潘文治四六分了滩地，潘文治分得六成，潘焕文分得四

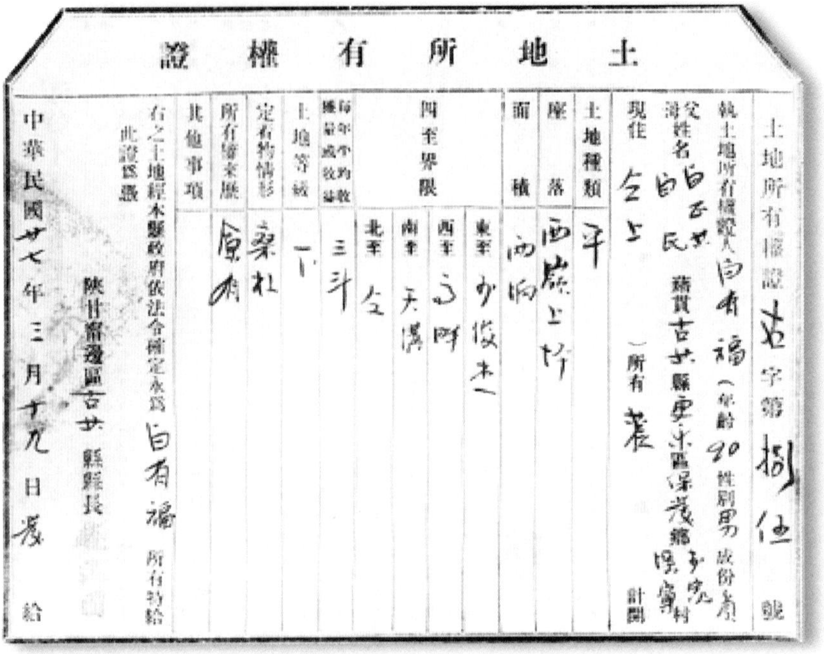
土地所有權證

土地所有權證 [illegible]字第[illegible]號
執土地所有權證人 白有福（年齡 [illegible] 性別男 成份 [illegible]）
籍貫 [illegible]縣 [illegible]區 [illegible]鄉 [illegible]村
定居姓名 [illegible]
現住 [illegible] 所有 [illegible] 計開
土地種類 平
座落 [illegible]
面積 [illegible]
四至界限 東至 [illegible] 西至 [illegible] 南至 [illegible] 北至 [illegible]
每年平均播量或收穫數 三斗
土地等級 下
定着物情形 [illegible]
所有權來歷 原有
其他事項
右之土地經本縣政府依法令確定永爲 白有福 所有特給
此證爲憑
陝甘寧邊區 [illegible] 縣縣長
中華民國廿七年三月十九日 發給

陕甘宁边区 1938 年制发的土地所有权证，背面印有《颁发土地所有权证条例》

成。潘氏家族除滩地外还有山地，因当时滩地已足够二人耕种，故山地未约定如何分割，只说谁家开荒谁家来种。

1940 年春开荒时，两家因争争夺山地引起纠纷，1941 年曲子县府曾派人到潘家调解，但并未解决问题，1943、1944 年两家又连续在开春荒时发生冲突。

潘文治遂将潘焕文告上法庭，称自己之前已将耕种的滩地分给潘焕文，但潘焕文占有大量山地却不分给别人，而且这些山地未经分配不应由潘焕文一人独占。

就两家家庭情况来看，潘焕文户内有四家 41 口人，但耕地有 1300 多亩，并且荒地极多。而潘文治户内有五家 32 口人，仅种 480 亩地，明显不够耕种。

曲子县政府曾派人前往潘氏兄弟处调查调解，要求潘焕文调拨给潘文治部分土地。但潘焕文担心潘文治将来会得寸进尺，拒绝接受调解意见。潘文治将潘焕文告到陇东专署。

1944 年 5 月 22 日，专署专员马锡五在办公室调解了潘氏弟兄的纠纷。他先讯问了关于诉讼的情况，包括“为什么不同意县上的判决”“你们希望怎么解决？”从中了解到双方争执的关键所在。

马锡五对被告潘焕文说："这事经过三四次的调解和宣判，我们觉得曲子县的判决很对。这是一件家务纠纷，今天应该很好和解。你们过去的山地根本未分，今后分好了，政府保证你们的土地所有权。政府的政策是让大家都有地种，都能生产，并且生产得好，不仅要有土地，还要耕种得好，多打粮食。你们都是弟兄，他的地不够种你应该分给他些。"接着，他又对原告潘文治劝解说："这时正值农忙，不能老在庆阳待着，误了庄稼，大家都该互相让一让，这不是赌气的时候。"这才使双方打消了置气的念头，开始提出具体处理办法。于是潘焕文应允拨给潘文治县上所判决的土地，同时潘文治也答应麦收后即将所占潘焕文的羊路让开。

自此，两户延续数年的土地纠纷宣告和解。当诉讼人退出时，马锡五又再三叮嘱回去一定要把关系搞好，不要为此耽误生产。

合水县丁、丑两家土地争议案

合水县五区六乡丑家岘子丑怀荣，有丑家梁山地一处。同区二乡丁家北堡子丁万福拥有川子河及附近的 240 多亩山地。后来丁、丑双方都力图扩大土地面积，丁家从川子河山上向北发展，丑家从丑家梁山上向南发展，地界接触后，双方发生冲突。

1938 年，这一带还没有正式建立革命政权，丁、丑两家便到宁县国民党县政府告状。丑怀荣依仗其侄女婿在该县当保安队长的势力，从县府领到一张补契承业执照，不仅把丑家梁山地划到名下，而且把丁万福的 240 多亩山地也据为己有。

丁姓不服，上诉到国民党的平凉高等法院，并在当地杀猪请客，以金钱笼络法官，结果不仅收回 240 多亩山地，而且连丑家梁山土地与祖坟都一并抢夺。群众纷纷议论："贪赃枉法，徇情舞弊，两家都无理，谁有面子能抵事，谁有金钱能抵事。"

1940 年，中国共产党在合水县建立抗日民主政权，丑怀荣到合水县政府起诉。因政权初建政务繁忙，合水县政府一时无暇详细调查此案，决定按 1939 年《陕甘宁边区土地条例》的规定"土地纠纷未经解决之前，其土地管理权属于耕者所有"进行处理，但纠纷未获解决。

1943 年，马锡五受理此案，指派陇东分庭石推事前往该县调查审理。石推事根据《陕甘宁边区地权条例》的精神，会同合水县有关干部，到当地召集四邻逐个调查，了解了双方土地争议的过程。案情基本搞清后，又召集干部和群众多人，实地勘查地形，然后组织群众讨论处理办法。决定组成以石推事、区长为首，并有当地群众和干部参加的调解组，依据当时的土地法令，从该案实际情况出发，进行调解。

调解组最后决定将川子河及附近山地判给丁家，将丑家梁的山地判归丑姓。双方表示愿意接受这一调解，于是正式划定地界，订立息讼契据，这件争诉数年而未决的土地纠纷终于得到彻底解决。

此案先后经过国民党共产党两个政权的审判，作出过三种截然不同的判决。案件合理解决后，当事人和群众都说："民主政府处理案件，真是深得人心。"

综观马锡五审判方式的特点，可以概括为：深入实地，调查研究，依靠群众，获取证据，坚持原则，坚持民主，宜调则调，宜判则判，调解与审判相结合，程序简便，服务人民。马锡五审判方式不仅在当时的历史环境下发挥了重要作用，其深入群众、公正为民的司法情怀至今仍有深远的现实意义。

正义的审判：一段不能忘记的历史

1945 年 8 月 15 日，日本宣布无条件投降，在这场战争中犯下累累罪行的战争罪犯随之被押上了历史的审判台。位于中国法院博物馆二楼“正义的审判”展厅，分东京审判、亚洲其他军事法庭审判日本战犯、中国南京国民政府审判日本战犯、新中国审判日本战犯等四个板块，通过展品、展板、音视频等多种形式展现这一段不能忘却的历史。

东京审判	南京国民政府审判	美国审判	英国审判	苏联审判	法国审判	荷兰审判	澳大利亚审判	菲律宾审判	新中国审判
（甲级）	沈阳	横滨	槟城	伯力	西贡	棉兰	香港	马尼拉	沈阳
丸内审判	北平	上海	仰光			巴达维亚	纳闽		太原
	太原	马尼拉	彬乌伦			丹戎槟榔	新加坡		
（准甲级）	济南	关岛	亚罗士打			坤甸	韦瓦克		
	徐州	夸贾林岛	太平			班贾尔马辛	拉包尔		
	汉口		吉隆坡			巴厘巴板	马努斯岛		
	南京		新山			古邦	摩罗泰岛		
	上海		新加坡			美纳多	安汶		
	广州		纳闽			摩罗泰岛	达尔文		
	台北		亚庇			安汶			
			香港			查亚普拉			

第二次世界大战胜利后审判日本战犯地一览表

中国法院博物馆展出的审判日本战犯文献汇编

第二次世界大战给全人类造成了巨大灾难，在日本侵华战争中，中国伤亡人数超过 3500 万。1945 年二战胜利后，根据《开罗宣言》《波茨坦公告》等国际法律文件精神，盟国在东京设立远东国际军事法庭审判日本甲级战犯，并在亚洲设立 49 个法庭审判日本乙级、丙级战犯。其中，中华民国南京国民政府在南京、上海等地设立 10 个军事法庭审判日本战犯。据统计，被盟国起诉的日本各类战犯总数为 5423 人，被判刑者 4226 人，其中被判处死刑者 941 人。新中国成立后，最高人民法院特别军事法庭在沈阳、太原两地对 45 名日本战犯进行了审判。

习近平总书记在纪念中国人民抗日战争暨世界反法西斯战争胜利 69 周年座谈会上指出："远东国际军事法庭以及中国、苏联等国家的军事法庭对日本战犯的审判，使发动侵略战争、双手沾满各国人民鲜血的罪魁祸首受到应有的惩处，把战争罪犯永远钉在历史的耻辱柱上。这一审判的正义性质是不可动摇、不容挑战的！"

远东国际军事法庭庭审现场

1946 年 1 月 19 日，远东盟军最高统帅部宣布在东京设置远东国际军事法庭，对日本首要战争罪犯进行审判，史称东京审判。远东国际军事法庭由中、苏、美、英等 11 个国家各派遣一名法官和一名检察官组成。中国派出的法官为梅汝璈，检察官为向哲濬。

梅汝璈在审判中捍卫了国家地位、荣誉和民族利益，他说："我不是复仇主义者，我无意于把日本军国主义欠下我们血债写在日本人民的账上。但是，我相信，忘记过去的苦难可能招致未来的灾祸。""若不能严惩战犯，绝无颜再见江东父老，惟蹈海而死，以谢国人。"

1948 年 11 月 4 日法庭宣判：全体被告人有罪，判处东条英机、土肥原贤二、松井石根等 7 人绞刑，梅津美治郎等 16 人无期徒刑，东乡茂德 20 年有期徒刑，重光葵 7 年有期徒刑，确认日本有对中国进行侵略战争及对苏联、英国、美国及其他盟国进行类似战争之罪。

东京审判是参与国家最多，开庭时间最长，档案文献最丰富，同时也是史上规模最大的国际审判。在这场审判中，被告 28 人，除松冈洋右等 3 人已死亡或丧失行为能力外，实际受审 25 人。审讯自 1946 年 5 月 3 日开始，共开庭 817 次，出庭证人 419 名，书面证人 779 名，受理证据 4336 份，英文审判记录 48412 页，英文判决书

中国检察官向哲濬在法庭上宣读起诉书

图为梅汝璈（前排右一）与其他远东国际军事法庭法官合影

远东国际军事法庭庭审现场

图为日本战犯在法庭上接受宣判

图为1946年2月11日，侵菲日军总司令本间雅晴（中）在马尼拉法庭被判处死刑

长达1212页。

7名被判处绞刑的被告人向美国联邦最高法院上诉。美国联邦最高法院以微弱多数通过受理，后迫于国际舆论和本国政府的压力，宣布不再审理7名被告人的上诉。1948年12月23日，对东条英机等7人的绞刑在东京巢鸭监狱执行。但自1950年起，美国不顾世界舆论反对，将判刑入狱的首要战犯陆续释放，引起国际社会的强烈不满。

亚洲其他军事法庭审判日本战犯

第二次世界大战胜利后，美国、英国、苏联、荷兰、澳大利亚等盟国在上海、香港、横滨、新加坡、马尼拉、吉隆坡、仰光、伯力等地设立军事法庭，对部分日本乙级、丙级战犯进行审判。

其中，盟国中首次对日本战犯进行审判的是马尼拉审判。马尼拉审判是应中国和

图为细菌战战犯、原日本陆军大将山田乙三在伯力军事法庭上受审

日本头号战犯、原日本首相、陆军大臣东条英机在法庭上受审

东京审判期间，原伪满洲国皇帝溥仪出庭作证，图为中国助理检察官裘劭恒与溥仪交谈法庭作证事宜

英国政府要求，麦克阿瑟下令在马尼拉设立，由5位美国法官组成军事委员会对2名日军投降将领山下奉文、本间雅晴独立进行的审判。

荷兰在印度尼西亚的查亚普拉等地设立军事法庭审判日本战犯。据统计，在荷兰主导的对日本战犯审判的448起案件中，共1033人被起诉，其中236人被判处死刑，747人被判监禁，仅55人被判无罪。在盟国对日本战犯的审判中，荷兰的无罪判决比例是最低的，仅为5%。

1949年12月25日至30日，苏联在伯力城针对日军“准备和使用细菌武器”的战争罪行，对包括最后一任关东军司令、陆军大将山田乙三等人在内的12名日本战犯进行审判，分别处以2至25年徒刑。这场审判首次揭示了日军侵华期间在中国东北进行活体实验、实施细菌战争等严重罪行，是人类历史上第一次集中公开审判使用细菌武器的战犯，开创人类公开审判细菌战争犯罪的先河。

1945年9月9日，中国战区受降典礼在南京举行，图为日本中国派遣军总司令冈村宁次签署投降书

1946年9月13日，侵华日军战犯、原日本陆军中将酒井隆被押赴雨花台刑场

1947年3月，原日本陆军中将、日军驻华南派遣军指挥官田中久一在广州流花古桥刑场被执行死刑

1
2
3

1 受害人控诉日本侵略者的罪恶

2 原伪满洲国皇帝溥仪出庭作证

3 中国法院博物馆展出的 1956 年最高人民法院特别军事法庭特军字第一号判决

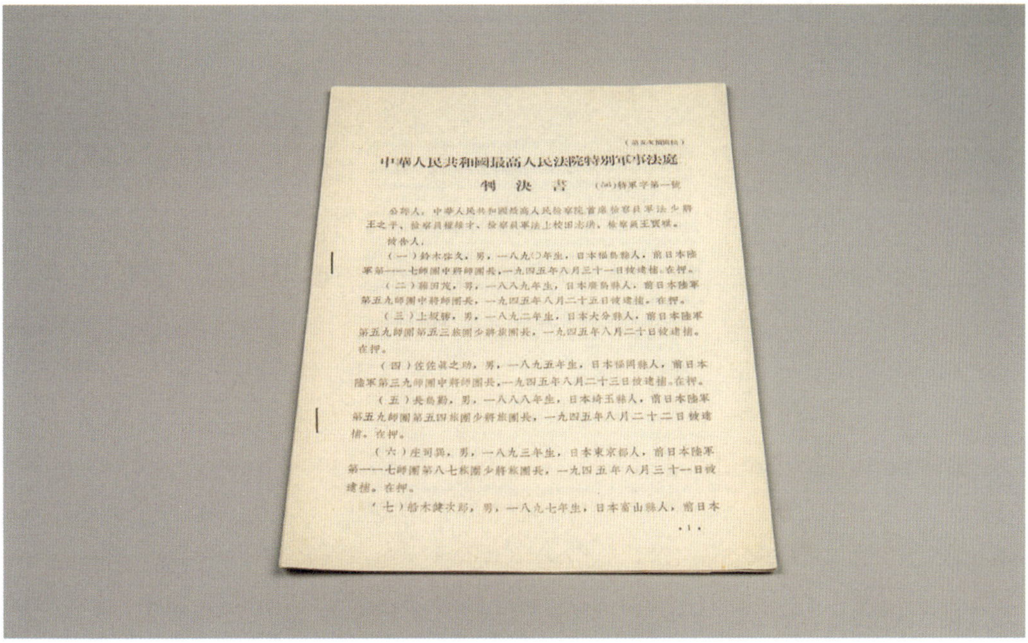

中華人民共和國最高人民法院特別軍事法庭
判決書 (56)特軍字第一號

公訴人：中華人民共和國最高人民檢察院首席檢察員軍法少將王之平、檢察員權維才、檢察員軍法上校田志洪、檢察員王寰璇。

被告人：

（一）鈴木啓久，男，一八九〇年生，日本福島縣人，前日本陸軍第一一七師團中將師團長，一九四五年八月三十一日被逮捕，在押。

（二）藤田茂，男，一八八九年生，日本廣島縣人，前日本陸軍第五九師團中將師團長，一九四五年八月二十五日被逮捕，在押。

（三）上坂勝，男，一八九二年生，日本大分縣人，前日本陸軍第五九師團第五三旅團少將旅團長，一九四五年八月二十日被逮捕，在押。

（四）佐佐真之助，男，一八九五年生，日本福岡縣人，前日本陸軍第三九師團中將師團長，一九四五年八月二十三日被逮捕，在押。

（五）長島勤，男，一八八八年生，日本埼玉縣人，前日本陸軍第五九師團第五四旅團少將旅團長，一九四五年八月二十二日被逮捕，在押。

（六）廣瀨三郎，男，一八九三年生，日本東京都人，前日本陸軍第一一七師團第八七旅團少將旅團長，一九四五年八月三十一日被逮捕，在押。

（七）船木健次郎，男，一八九七年生，日本富山縣人，前日本

·1·

图为日本战犯跪地谢罪

中国南京国民政府审判日本战犯

抗日战争胜利后，中国南京国民政府根据《波茨坦公告》及《战争罪犯审判办法》等规定，陆续在北平、沈阳、广州、南京、汉口、太原、上海、徐州、济南、台北设立10个军事法庭审判日本战犯。截至1949年1月底，共审理日本战犯案件2200余件，判处死刑140余人，判处有期徒刑和无期徒刑400余人。战后对日本战犯审判，是英美等国放弃在中国的治外法权后，中国南京国民政府对日本战犯进行的独立审判，是中国近现代史上第一次对侵略者的正义审判。

新中国审判日本战犯

1956年4月25日，第一届全国人大常委会第三十四次会议审议通过《关于处理在押日本侵略中国战争中犯罪分子的决定》。同年6月至7月，最高人民法院组织特别军事法庭，遵循国际法准则和人道主义原则，分别在沈阳、太原对45名罪行严重的在押日本战犯进行公开审判，依法对各被告人判处8至20年有期徒刑。

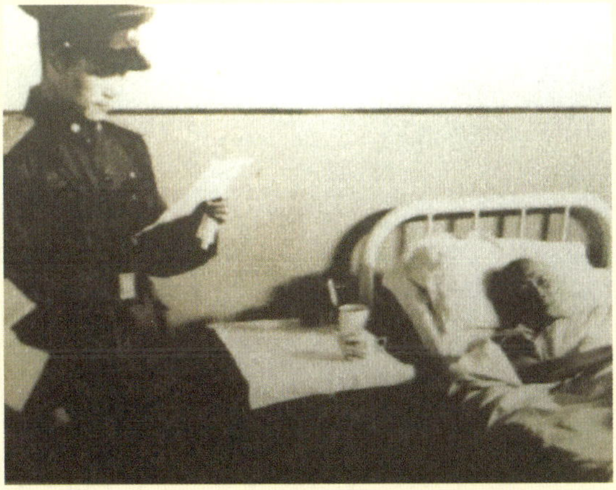

1956 年 7 月 22 日，最高人民法院特别军事法庭书记员向日本战犯武部六藏宣读准予假释的裁定书

1956 年，最高人民法院特别军事法庭副庭长朱耀堂审判日本战犯使用的个人名章

1964 年 3 月 6 日，最高人民法院军事审判庭裁定提前释放日本战犯斋藤美夫、富永顺太郎、城野宏三人

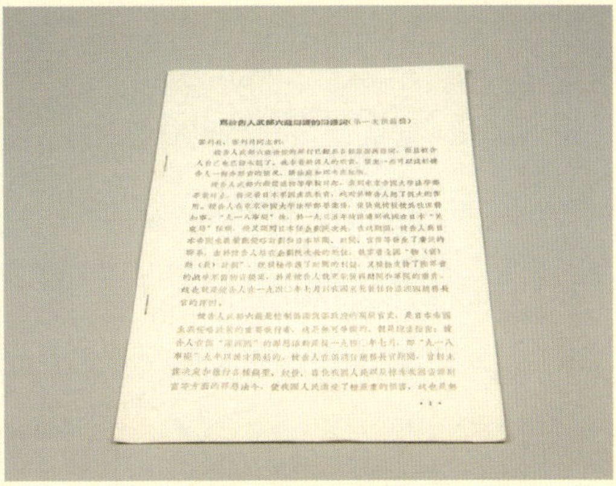

1956 年，最高人民法院特别军事法庭审判员张向前审判日本战犯使用的个人名章

中国法院博物馆展出的为被告人日本战犯武部六藏做辩护的辩护词

宣判后，45名战犯对法庭指认的所有罪行全部承认，没有辩解，没有推脱。被告席上的很多战犯痛哭流涕，当庭下跪，跪向审判席，又跪向旁听的中国民众，一致表示深切感谢中国人民的宽大处理。

新中国对45名日本战犯的审判，维护了中国国家主权，伸张了人类正义，是一次庄严的审判、正义的审判，对于反对侵略战争、维护世界和平，具有重要的现实意义和深远的历史意义。

参加旁听的外国记者评论："中国的审判，虽然检察官与战犯、受害者与战犯、证人和法官与战犯、审判者与被审判者各自的立场不同，但在庄严肃穆的法庭上，战犯和所有人异口同声地揭露日本帝国主义的暴行。这在国际审判史上绝无先例。"

同时，最高人民检察院对次要的或者悔罪表现较好的1017名日本战犯，于1956年6月21日、7月18日和8月21日先后分三批"从宽处理，免于起诉，即行释放"。

自1957年，最高人民法院军事审判庭根据被判刑的日本战犯在服刑改造期间的表现，依法裁定提前释放29名日本战犯。到1964年3月6日，中国关押的日本战犯全部释放完毕。

档案寻真

Original Archives

中國法院博物館
CHINA COURT MUSEUM

刘青山、张子善贪污案原档（摘录）

编者按： 刘青山、张子善案件是在建国初期“三反”运动中查出的一起党的领导干部严重贪污盗窃国有资产的案件，被认为是“新中国反腐第一大要案”。

刘青山，原天津市地位书记、石家庄市委第一副书记。张子善，原天津地区专署专员。二人在领导治理潮白河等工程中，利用职权，贪污、挪用公款达171亿余元（旧币）。针对党内有的同志认为他们在战争年代出生入死，有过功劳，在干部中影响大，是否可以不要枪毙，给他们一个改造的机会的意见，毛泽东同志指出：“正因为他们两人的地位高，功劳大，所以才下决心处决他们。只有处决他们，才可能挽救二十个、二百个、二千个、二万个犯有各种不同程度错误的干部。”经最高人民法院核准，1952年2月10日，河北省高级人民法院对刘青山、张子善执行死刑。该案的严肃查处，在全党和全国引起了强烈反响。在依法全面从严治党的今天，该案依然具有典型意义。

以下为被告人刘青山、张子善贪污案部分卷宗档案摘录

河北省人民法院临时法庭对大贪污犯刘青山、张子善的判决主文：

大贪污犯刘青山前任中共天津地委书记，被捕前任中共石家庄市委副书记，大贪污犯张子善，前任中共天津地委副书记，兼天津专区专员，被捕前任中共天津地委书记。该二犯在资产阶级腐朽思想的严重侵蚀下，为达到个人挥霍，乃假借经营机关生产之名，利用职权，狼狈为奸，于一九五〇年春，至被捕前，先后盗窃国家救灾粮、治河专款、干部家属救济粮、地方粮、克扣民工粮、机场建筑款及骗取国家银行贷款等，总计共达一百七十一亿六千二百七十二万元。

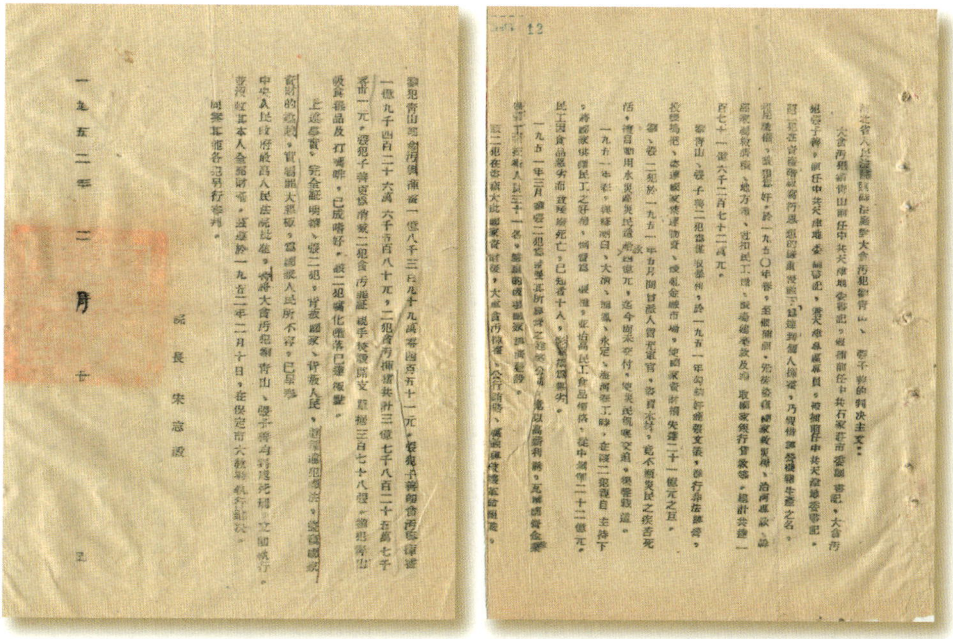

刘青山、张子善二犯为牟取暴利，于一九五一年勾结奸商张文仪，进行非法经营，投机倒把、盗运国家禁运物资、扰乱金融市场，使国家资产损失达二十一亿元之巨。

刘、张二犯于一九五一年五月间曾派人冒充军官，盗卖木材，竟不顾灾民之疾苦死活，擅自动用水灾区灾民造船款四亿元，迄今尚未交付，使灾民饥寒交迫，怨声载道。

一九五一年春，兴修潮白、大清、龙凤、永定、海河春工时，在该二犯亲自主持下，将国家供应民工之好粮，倒卖为坏粮，并抬高民工食品价格，从中剥削二十二亿元，民工因食品恶劣而致残废死亡。已知者十人，影响极为恶劣。

一九五一年三月刘张二犯为发展其所经营之建筑公司，竟以高薪利诱，瓦解国营企业机关工程技术人员三十一名，严重的破坏国家经济建设。

该二犯在盗窃大批国家资财后，大量贪污挥霍，公行贿赂、腐蚀与破坏革命组织，刘犯青山即贪污与挥霍一亿八千三百九十九万零四百五十亿元，张犯子善即贪污挥霍一亿九千四百二十六万六千五百八十元，二犯贪污挥霍共计三亿七千八百二十五万七千零卅一元，张犯子善更为消灭二犯贪污罪证亲手焚毁开支单据三百七十八张，刘犯青山吸食毒品及打吗啡，已成嗜好，该二犯腐化堕落已达极点。

上述事实，完全证明刘、张二犯，背叛国家、背叛人民，这种违犯国法，盗窃国家资财的蟊贼，实属罪大恶极，为国家人民所不容，已呈奉中央人民政府最高人民法院批准，特将大贪污犯刘青山、张子善均判处死刑，立即执行，并没收其本人全部财产，兹遵于一九五二年二月十日，在保定市大教场执行枪决。同案其他各犯另行审判。

院长宋志毅

一九五二年二月一日

完稿布告

河北省人民法院布告刑字第一号

大贪污犯刘青山曾任中国共产党天津地方委员会书记，被捕前任中国共产党石家庄市委会副书记。大贪污犯张子善曾任中国共产党天津地方委员会副书记、天津专区专员，被捕前任中国共产党天津地方委员会书记。该二犯在资产阶级腐朽思想的严重侵蚀下，利用职权，盗用费机场建筑款、救济水灾区造船贷款、河工款、干部家属救济粮、地方粮、克扣民工供应粮及骗取银行贷款等，总计达一百七十一亿六千二百七十二万元，用于该二犯所秘密掌握的“机关生产”。该二犯更以盗窃克扣及骗取之资财，肆

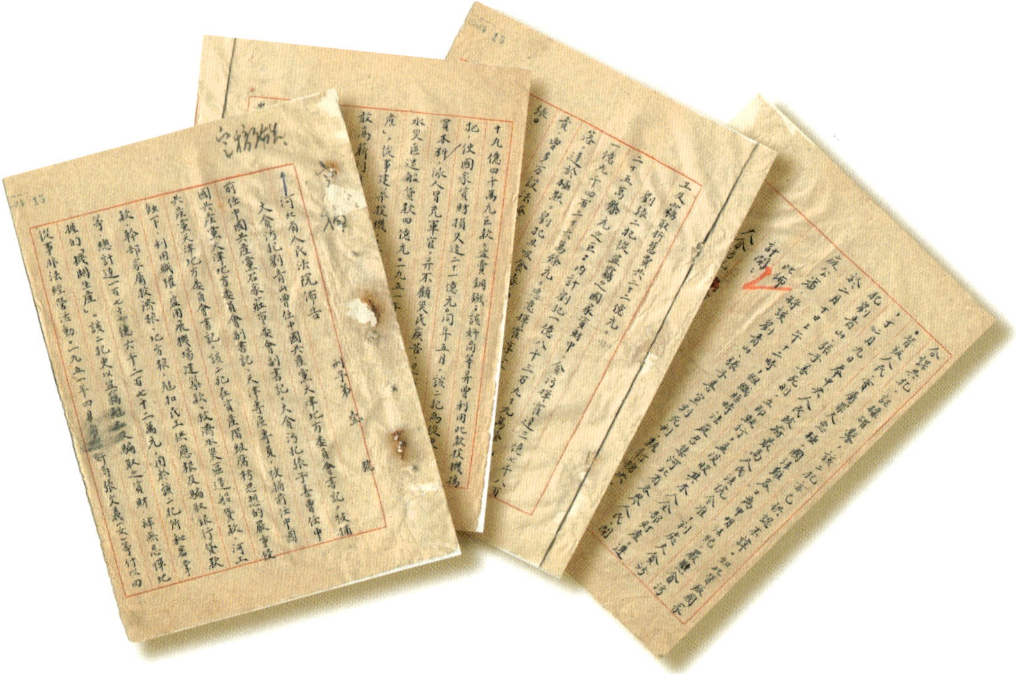

无忌惮地从事非法经营活动。一九五一年四月勾结奸商张文义（女）等付以四十九亿四千万元巨款，盗卖钢铁，该奸商等并曾利用此款投机倒把，使国家资财损失达二十一亿元。同年五月，该二犯为从东北盗卖木材，派人冒充军官，并不顾灾民疾苦，忍心占用前述之救济水灾区造船贷款四亿元。一九五一年三月该二犯为扩大其“机关生产”，从事建筑投机，在天津收买私商木厂，成立建筑公司，竟敢高薪利诱天津、沈阳、鞍山等地国营公营企业机关的工程技术人员三十一名，严重地破坏了国家政令。一九五〇年暨一九五一年春，为兴修潮白、永定、大清、龙凤、海河等地各河工程师，该二犯组织河工供应站，从中渔利，曾将国家发给民工之好粮出卖，换成坏粮，并抬高民工食品（粮、油、菜）价格，先后剥削民工及窃取折旧费工二十二亿元。

刘张二犯从盗窃之国家资财中，贪污挥霍达三亿七千八百二十五万余元之巨：内计刘犯一亿八千三百九十九万余元，张犯一亿九千四百二十六万余元。恣意挥霍享受，公行贿赂；腐化堕落，达于极点。刘犯且吸食毒品成瘾。又刘张二犯为图逃避罪责，曾多方设法掩盖罪迹，张犯一次即曾焚毁单据三百七十八张。

综上所举大贪污犯刘青山、张子善盗窃国家资财、克扣民工灾民、勾结奸商非法经营、瓦解国家企业机关及贪污行贿等严重罪行，根据调查侦讯结果，完全证明该二犯系狼狈为奸合谋共犯，证据确凿，该二犯亦已供认不讳。如此背叛国家，背叛人民，实属罪大恶极，国法难容。为申明法纪，严惩贪污，于二月九日奉中央人民政府最高人民法院令准，判处大贪污犯刘青山、张子善死刑，立即执行，并没收其本人全部财产。遵于二月十日上午十二时，组织临时法庭召集河北省各界人民，开庭公审，将该刘青山、张子善宣判死刑，执行枪决。

此布

计开：

大贪污犯：刘青山三十六岁河北省安国县人

张子善三十八岁河北省深县人

一九五二年二月　日[①]

院长宋志毅

① 原稿缺具体日期。

张子善对天津地委机关生产与开支混乱情况的初步检讨（节选）

一九五一.一二.一〇报

说明：

为节省文字与便于了解，文内常提的几个人名均以姓代，现将姓名、职别列下，后即不赘。

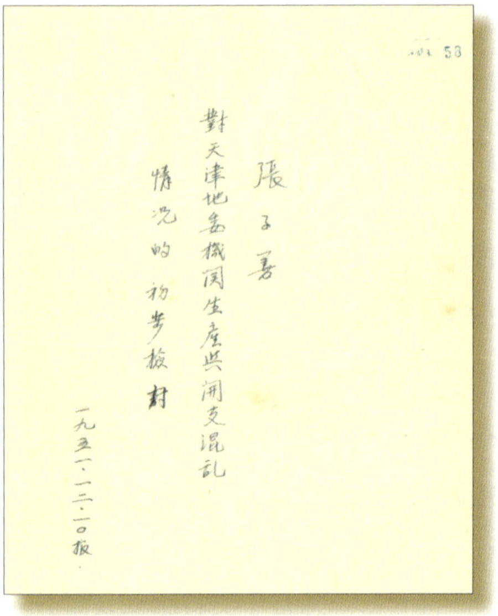
張子善
對天津地委機關生產與開支混亂情況的初步檢討
一九五一.一二.一〇報

刘青山以“刘”代，余同（地委书记兼财委会主任，八月调石门市工作）。

张子善（副书记住地委兼专员并财委副主任九月任地委书记）。

马庆云（原地委秘书长去冬提副书记）

李克才（副专员、财委副书记，九月中央批准任专员行政尚未宣布）。

谢国仪（司令员现调省军区工作。以上均地委常委）。

康光宇（地委秘书，后提副处长未报省即去津搞生产八月任生产处长）。

（第一至第四部分内容略）

五、检讨原因

机关生产由无到有、由小到大、到惊人的大的过程，也就是开支、生活水平由低到高、到严重的铺张浪费的过程；也是由廉洁守法、到松弛政纪、到龌龊可耻的犯法过程，与由无产阶级思想、到小资产阶级思想、到资产阶级甚至地主、官僚资产阶级思想的变化过程。

原开始搞机关生产的出发点，是为解决机关困难、补助经费之不足的必须开支，但到后来，特别是第三阶段，主持者（刘）已转变了目的，而是要发财、并准备赚出千八百间楼房把机关搬津市去，摆阔绰、闹享受！“为达目的不择手段”，乱“拉”人，乱“抓”钱，进行违法经营起来，这种乱挪乱动公家粮款，在第一、二两阶段已属违法，破坏制度；到第三阶段，刘已登峰造极，成为无视国家制度，盗窃公家财务的犯法行为！——见缝就钻、见人就拉（挖）、见钱就抓，见利就图的可耻行为！

惊人的铺张浪费，上述虽不完全，但已严重到不能令人容忍的程度，如把年来机关各方面浪费（机关人员开支）加在一起，恐在十亿元以上，即此已等于五、六十户中农的全部财产，等于一个普通农村三年的食粮了！这种严重浪费现象，已成为公开集体贪污、分赃的可耻行为。已完全不像俭朴、廉洁的共产党、人民政府的人员的样子了，已完全地脱离了党、脱离了干部、脱离了广大人民群众！造成了党和人民政府难以弥补的政治损失，经济损失和工作上的损失！为什么一个久经斗争考验的领导干部在领导机关会发生这样严重的问题呢？

（一）主要是政治品质恶劣，靠近大城市经不起资产阶级思想的侵袭，而沾染了严重的资产阶级思想，甚至地主、官僚资产阶级的反动思想，看不起无产阶级的艰苦、朴素，而羡慕资产阶级的豪奢享受、阔绰，甚至想与他们其“比美”。这表现在生活、作风的各方面，其铺张浪费将是这种思想的必然结果，例如衣着方面，由一般布到好布到皮、毛、狐毫；饮食上，由粗细粮兼用，到纯细粮，到酒肉具备，烟茶管够，水果时有；居住由炕板到软床，到机桌新陈；行动非车不行，由车子、马、到吉普、卧车（在津）；买东西要最好的，吸烟也由“五洲”到“恒大”到“大前门”、个别到“大炮台”（刘经常用，机关主要干部在刘走前时用，走后已无用者）；戴表由自备到公买、由旧而新而自动好表，由看电影到看戏甚至看跳舞的；洗澡经常由池而盆而叫人擦澡（只剩捶背，修脚还未学上！）过分招待请客、送礼等等，无一不是向资产阶级学习，比美，我虽不喜酒、肉，不喜看戏，不爱玩乐，不常请客，但并未妨害向资产阶级的学习与资产阶级思想的沾染，存在和发展。而在其他方面相反地发展得更为严重。

在上述思想、生活基础上的生产经营，自然也一样是跟随着反动的资产阶级学。“只管盈利，不顾政策，欺骗、隐瞒、投机捣鬼”等违法行为，只是上述反动思想在经营方面的一个反应，思想上的错误是一切错误的基础。

（二）对生产，开支上的混乱不清是与领导上的反官僚主义，放任自流分不开的。生产经营与开支，并无预定计划，也未在地委会讨论，更无分工负责制度。一人（刘）搞起，无人过问。无人、又无知识，顷刻之间（在津养病几个月时起）多头并进一搞数摊，自无法掌管；再加乱抓、乱凑之人员无人发现、审查，又无明确之经营方针与计划，而是盈利为先，自行其是，其发生意外问题所欺所害那将是必然的结果。我除非正式地到过天丰面粉坊、拔丝坊及康之住所去过一次外（住只住供给站），至今还不知铁工厂、化学厂、木材厂、福丰面粉厂、砖窑在那里，营造厂（在津建筑公司住处）也未去过，最近才知住处；至于主要经营人员在赵克汇报前也多不知道和未见，更不知其经营情况了，官僚主义已严重到了极点。（虽然以前为刘所管，自己不知，也无法过问。刘走后无交待，个人也不愿接收，因而不详，但这也是放任不管，不负责任的错误行为）刘虽知道较详但恐对实际情况也难知详尽，至于其他地委同志知之更少甚至少数是不知道。不了解情况（人员、经营等）而搞生产；无人管理，而乱开支，其错误，混乱，自然难免。这是领导掌方面应付责任的。

（三）这种错误的发生，发展与个人的强迫命令不民主缺乏自我批评与互相批评分不开的。

地委无严格的小组生活制度，不能认真地开展批评与自我批评。地委虽有反对乱动款、乱经营、乱开支者，但怕受批评者报复打击而迁就，隐忍不谈。例如：刘在一九四九年冬对机关管制其开支而骂街，一九五一年二月嫌别人反映其享受浪费而骂街，四、五月间嫌对他照顾“不够”而骂街，引起许多人发生顾虑，害怕而不敢提意见，连我也如此，甚至对其长期不工作而发展到腐化堕落借病吸毒，也很少有人敢过问和劝阻，就因此每次让我批取粮款、干部搞生产时，我虽不满，但终未敢拒绝；只是拖延告苦应付，暗地牢骚，未能正面对其展开批评（当然他二年多来未参加过小组会也有未便）而采取“你动款、你办事、你负责”，自己不负责的自由主义态度，对其最后贪得无厌的带款、带车、带东西，严重不满，并与地委研究反对，（特别是1500万元时）结果还是无原则，无立场而以“敬鬼神而远之”的思想态度迁就“照顾”他，另一方则抱着“以前的归你（刘）——反正是乱，好坏由你负责；以后归我，再严整旗鼓另主新张（十一月初进行全面检查即是为此）”暂时呢，则是“得过且过”“两面求圆”“苟且等待”。

我因为存有上述错误思想和态度，再加“个人自尊”“英雄自傲”因而对刘不当的要求（要款、要人、要东西）的执行上（有时是被迫）就采取了：“瞒上、压下、应付同级”的恶劣态度；以维持自己“两面求圆”的“荣誉”。（如财政科长对我批款有意见说我“不知锅是铁的”我则说敲一敲就知道了。以后可敲敲。虽属玩笑却是一种压下的

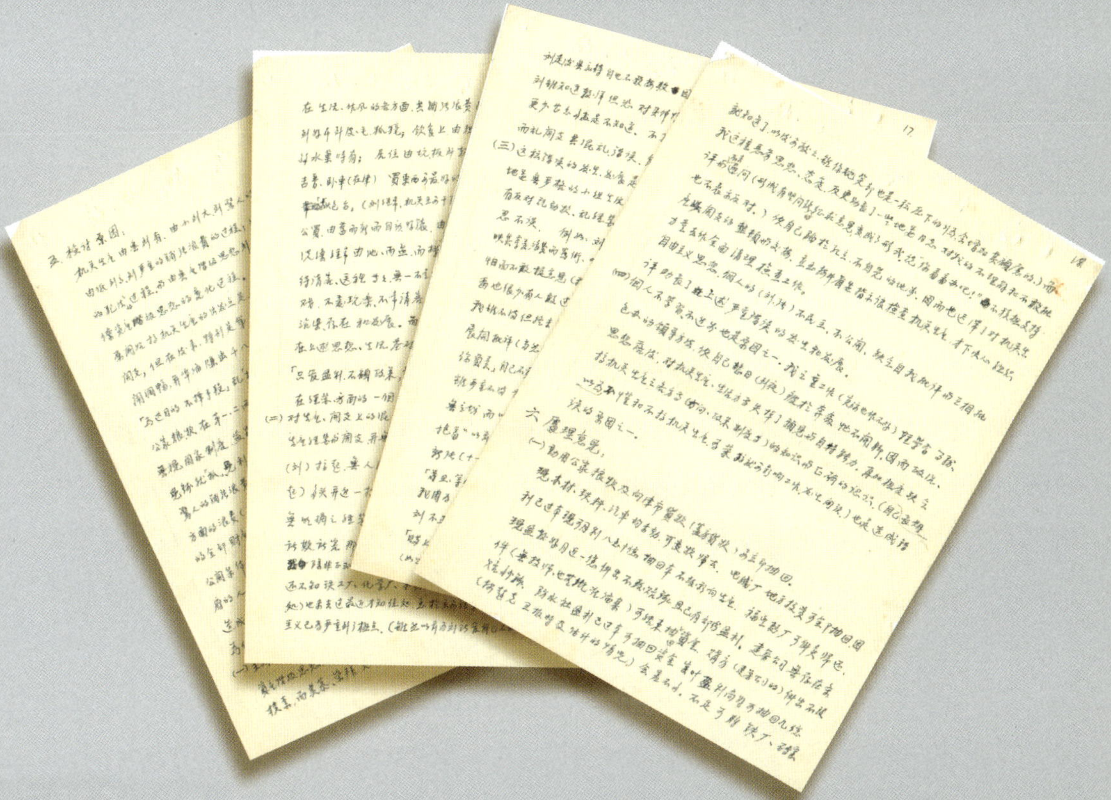

行为会增加其思想顾虑的）而我这种恶劣思想态度反更助长了一些地委同志对我的不理解和不敢批评与不来过问，（形成有些问题的征求意见，变成了形式。说："你看着办吧"，不积极支持也不表示反对）使自己陷于孤立而不自觉的地步，因而也迟滞了对机关生产、开支的整顿与交接，直至接到省委指示让检查机关生产才下决心组织力量去做全面清理检查工作。

自由主义思想，个人的（刘，张）不民主、不公开、缺乏自我批评与互相批评助长了上述严重错误的发生和发展。

（四）个人不学习不进步也是原因之一。我之“重工作（实际也作不好）轻学习”事务、包办的领导方法、使自己整日（到夜）疲于奔命，忙不开脚，因而政治、思想落后，对机关生产与生活方面失掉了预见与自持能力，再加极度缺乏搞机关生产之各方面（方向、政策、制度等）的知识与正确的认识。（长期以为自己不懂和不搞机关生产为荣、搞就可影响工作，发生问题），也是造成错误的原因之一。

六、处理意见

（一）动用公家之粮款及向津市之贷款（盖房贷款）等立即抽回。现木材、铁料、汽车均未动可变款归公；电线厂、地方投资可全部抽回。因利已过本，现可用利八至十亿，抽回本，不影响生产；福丰面厂可倒卖归还，现盈利好，月近一亿，倒出不致赔钱且已有部分盈利。建筑公司无存在条件（无技师，也无批准备案 ）可结束抽回资金；购方（建筑公司的）倒出不致赔多少钱。防水社盈利已过本可抽回资金，茶叶盈利尚好，可抽回几亿。（据赵克、王报时及估计的情况），会差不多，不足可将铁厂、砖窑交政府接管作为公营企业。（都可还清，将铁厂、化学厂交至地投资部门自营）这样地委、专署至少还有一电线厂、机床厂、防水社、足以补助机关必需经费而有余。这样能不破坏生产经营而保证归还动用公家之粮款，又能适当地照顾机关经费的补助）

（二）对违反政策法令之经营给予经济上的处罚：补税、限价或原价归公等（上述折价中即含此意。如木材按市场盈利一两倍以上，铁料也盈利不少，均按原价，不计盈利）。

（三）对违法犯纪人员给予政治上的处罚。首先是我与刘青山，上述问题特别是生产的全盘谋划为刘所倡办组织领导者。动用粮款，我虽多为被迫执行。但身为副书记兼行政专员而未坚持原则。且有的系自办者，其为明知故违、玩忽政纪，则是无可辩白的，动款为被迫，从犯，从行政责任上（虽然刘为财委主任，我为副主任）则我负主要责任，经营上，我为放任，个别属于从犯，开支浪费大，被迫、同谋甚至有些是主谋。均应给予严格的党纪、政纪、法纪的处分以昭炯戒，我并郑重向党宣誓，决心改造自己，痛改前非。主动赎罪。挽回给予党、政府与人民的损失。唯愿党念及初犯，仍能为党为人民工作，而留于党内考察，并分配一工作，以赎前愆，…… 未曾受过处分，一直重用提拔，而造此罪孽竟给人民的如此严重损失，实以无颜向党强求，无由向人民求宽。唯念服务人民始得赎罪自安，故而出此。请党裁处。至于其他有关人员也应给以适当处理。

（四）为了教育全党、全体干部和全省以至全国人民，应将此严重情况及处理结果公诸报端；号召人民检查、批判、斗争、以资炯戒，并展开一个持久广泛的斗争以巩固人民思想阵地。

张子善

一九五一年十二月十日

“宜宾白毛女”案资料

编者按：罗昌秀，1923 年出生在四川省宜宾县，曾经为躲避恶霸土豪的迫害藏入深山老林过了数年的野人生活，解放后才得以回家过上正常人的生活。以下为四川省宜宾地区中级人民法院于 1959 年元月拍摄的“宜宾白毛女案”展览图片以及文字介绍。这组图片既介绍了罗昌秀被迫害的经过，同时也把法院审判案件的诉讼程序一一介绍清楚，从一个侧面反映了建国后人民法院迅速发展，严格依法审理反革命案件，对死刑犯罪报最高人民法院核准等实际情况。

同志们暂请肃静　听把昌秀表分明　人说黄莲味很苦
昌秀还要苦万分　他家住在宜宾县　凤仪乡是他家庭
他父名叫罗锡朋　家中一共五口人　虽有田土是自耕
全家老幼是农民　旧社会时苦受尽　恶霸土豪太横行
昌秀年方十三岁　锡章逼死他父亲　侵占他的田和地
烧去房子又抢人　他还有个小弟弟　那时只有几月龄

昌秀母亲气昏死　苏醒过来好伤心　抢去昌保和昌秀
当成牛马不当人　朝日打骂和虐待　饥饿难熬回家庭
又被狗腿来看见　吊起打得鲜血淋　昌秀母亲跪在地
向者狗腿要人情　狗腿认为他死了　谁知姊妹又复生
负痛逃到断头山　昌保下山把食寻　恶霸爪牙罗云武
打死昌保在山林　昌秀不敢把山下　夜宿岩洞吃草根
时刻都想把仇报　父兄之仇记在心　断头山上过生活
他向自然作斗争　汗毛全身都长满　白发披肩像野人
最寒冬天霜雪里　独存干材奉母亲　怕母见他受惊骇
又怕母见暗伤心　悄悄将材放门外　流泪而去独思亲
愁他母亲年纪老　弟弟年小独苗根　半夜下山帮助母
幸好庄稼有收存　断头山上虎成群　亏他住了十七春
万不想有共产党　反革命坚决肃清　大会斗争陶天珍
恶霸婆娘太狠心　外号名叫铁鸡子　一贯都是害人民
他对昌秀真恶毒　手上还有火烙痕　今天群众来公审
执行枪决陶天珍　感谢党和毛主席　昌秀死后又复生
妇女要学罗昌秀　女中模范好光荣　昌秀受得苦中苦
而今世上作新人　昌秀宜宾白毛女　流芳千载连传名
翻身莫忘共产党　吃水莫忘掏井人

宝光昭编

公元一九五九年元月六日

党和政府甚关怀、陳毅付总理親自接見，
嘱咐当地政府多照顧、請吕秀病好后去北京。
——這是1958年陳毅付总理与吕秀談话。

受苦的人儿心連心、檢舉罪犯閻天珍、
三五聯名寫控訴、要与吕秀報仇冤。
——這是群众寫控訴的一角

大走群众路线，查訊案情詳情，
根据調查証実，首犯就是閻天珍。
——這是偵察人員向呂秀了解情况。

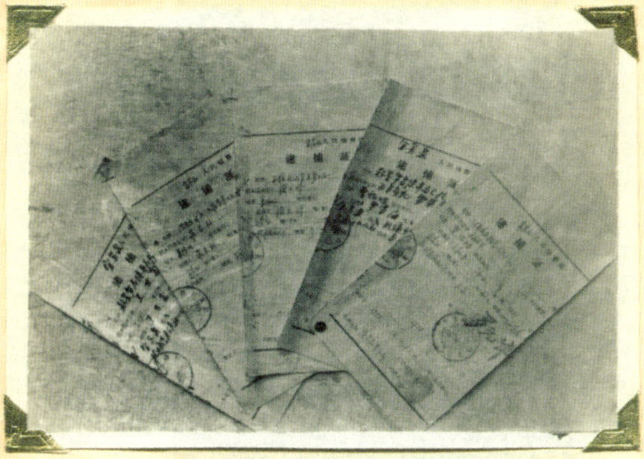

根据公安机关报告，案件証据充分，
依法填写逮捕証，逮捕这批反革命。
——這是宜宾县人民检察院填写的逮捕証。

公安人員持逮捕証、下乡去提闞天珍、
迫害吕秀兄妹的罪犯，一齐押进監獄门。

——這是

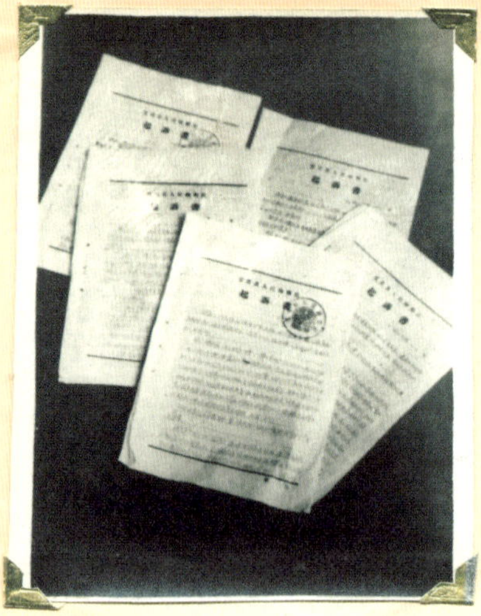

預审終結了、犯人罪不轻、
依法提起公訴、交法院审理判刑。

——這是宜宾县人民檢察院的起訴书.

57年元月6日、　法院要审阎天珍、

法庭設在廣場内、　群众紛紛去旁听。

——這是群众到广場参加公审大会。

审判长宣佈开庭、　依次查点犯人名姓。

——公判大会开始。

检察長出庭公訴、——指出犯人罪行、

彻底肃清反革命、巩固专政、保護人民。

——宜宾县人民检察院罗检察长公訴、

根据党的政策和群众要求、

审判长宣布人民法院的判决、

判处迫害昌秀的主犯阎天珍死刑、

已经最高人民法院核准立即枪决、

其他各犯当即論罪科刑。

——宜宾县人民法院陈院长宣佈、

李付专員最后講話.
講了吕秀的过去和而今,
吕秀能重新获得作人的权利,
是党的政策英明伟大.
号召群众要保卫自己的胜利果实,
……们的新旺家.

山中消失了宝貴青春, 如今光陰胜于金,
抓緊休息時间勤学习, 吕秀誓作文化的主人.

—— 吕秀在学习文化.

吕秀、樹荣結了婚，夫妻生产更加勤。
婆婆干活也能干，一家和樂笑盈盈。
——吕秀重新建立起了幸福的小家庭。

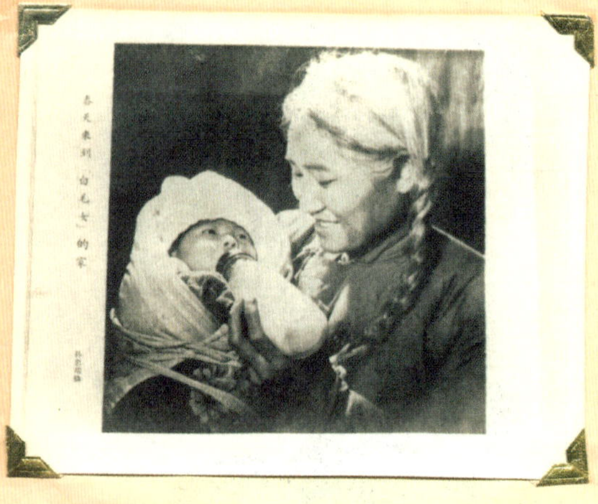

感谢共产党，白毛女变成人。
娃娃身体好，母親喜在眉头笑在心。
——白毛女在给小孩喂奶。

专题展览

Themed Exhibitions

中国法院博物館

CHINA COURT MUSEUM

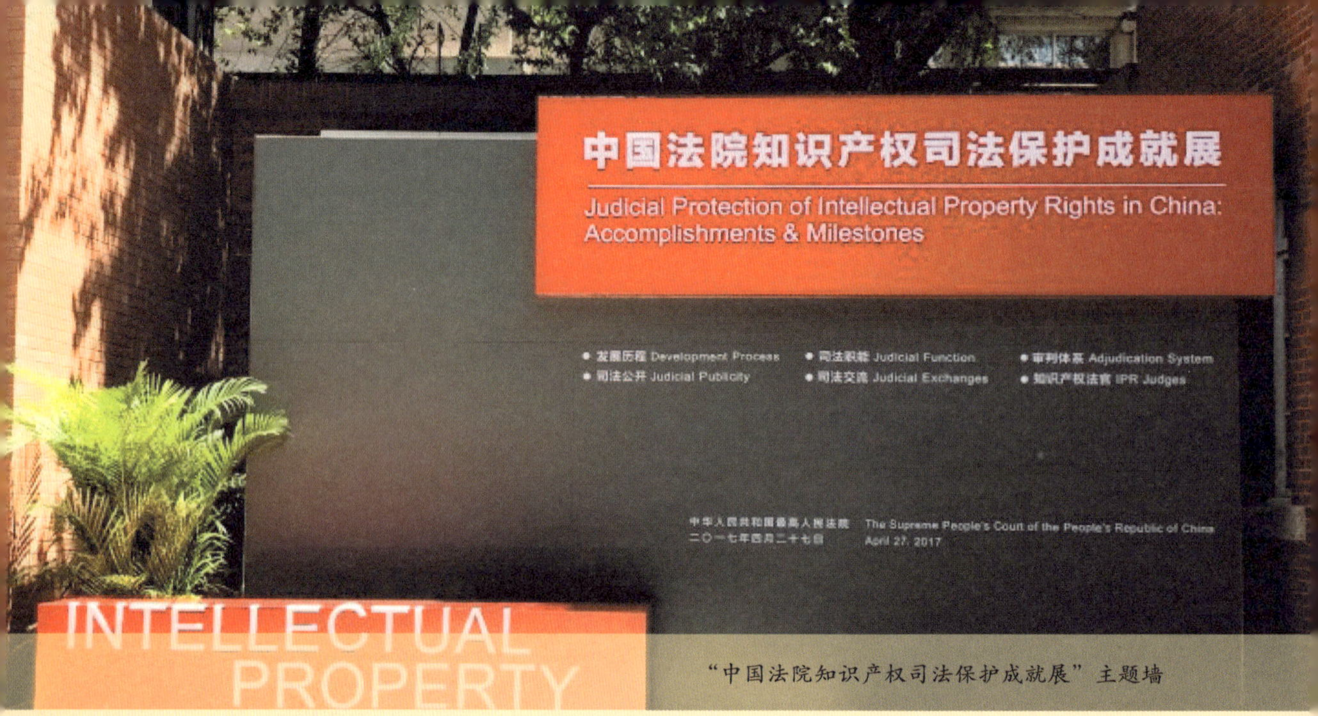

"中国法院知识产权司法保护成就展"主题墙

知识产权司法保护在中国

——"中国法院知识产权司法保护成就展"成功举办

第 17 个"世界知识产权日"来临之际，最高人民法院于 2017 年 4 月 27 日成功举办了"中国法院知识产权司法保护成就展"。最高人民法院院长周强出席开幕式并致辞强调，要认真学习贯彻习近平总书记系列重要讲话精神和治国理政新理念新思想新战略，贯彻落实党中央关于实施知识产权战略的要求，加强知识产权审判工作，充分发挥司法职能，推动完善知识产权法治环境，为实施创新驱动发展战略、建设知识产权强国和世界科技强国提供有力司法服务和保障。最高人民法院常务副院长沈德咏主持开幕式，副院长陶凯元出席。全国人大、中央政法委、国务院知识产权战略实施工作部际联席会议部分成员单位代表，全国人大代表杨桂生、阎建国，最高人民法院相关部门负责人，最高人民法院部分特约监督员、特邀咨询员，中国知识产权法学研究会、中华律师协会、中华专利代理人协会、中国商标协会代表，法国、意大利、尼日利亚、俄罗斯、塞内加尔、美国等国家的驻华使节以及部分 500 强企业代表参加开

各国来宾观看本次展览

幕式。

2017 年 5 月 15 日上午，博物馆还接待了世界知识产权组织总干事弗朗西斯 · 高锐、副总干事王彬颖一行的参观。高锐总干事对展览内容的丰富性、呈现方式的技术性、多样性及英文讲解的专业性、生动性给予了高度评价，并为展览题词。

此次展览通过实物、图文、音视频等多种方式，集中展示了中国法院知识产权审判的发展历程、司法职能、审判体系、司法公开、司法交流、知识产权法官队伍建设等方面的重要成果，展现了中国法院知识产权司法保护三十多年来取得的巨大成就。

中国法院知识产权司法保护是人民法院以专利、商标、著作权、技术合同、不正当竞争和垄断纠纷等案件为主要审理对象的司法活动，涉及人民法院民事、行政、刑事三大审判领域。知识产权的私权属性和人民法院对知识产权保护的全面性、基础性、终局性、权威性和导向性决定了司法对于知识产权保护的主导作用。中国法院知识产权司法保护制度肇始于上世纪七十年代末八十年代初的改革开放，经过三十余年的发展，中国法院知识产权司法保护职能不断强化，保护领域不断拓宽，保护力度不断加大，保护制度不断完善，保护能力不断增强，取得了显著的成就，在推动科技创

1 2

3 4

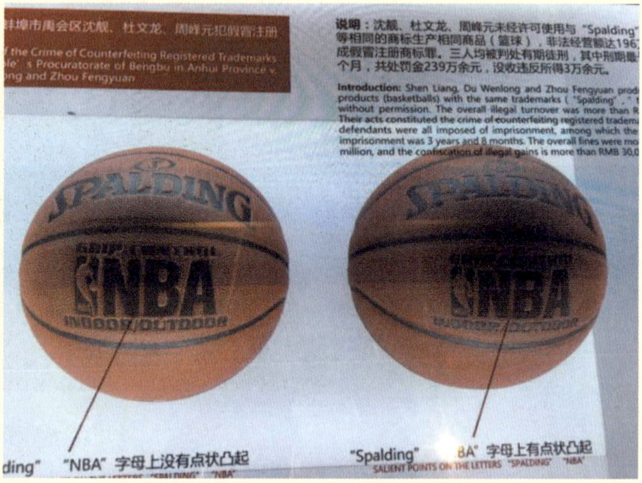

1. “虚拟现实”庭审观摩展区
2. 案件证物实物
3. “小屏控大屏”展区
4. 案件证物实物

新、经济发展、文化繁荣和对外关系等方面发挥了重要作用：

一是拓宽审判领域，建立专业队伍。上世纪70年代末80年代初，中国知识产权法律体系尚属空白，中国法院敢于担当，通过对技术合同案件的审理，率先为知识产权提供了司法保护。从技术合同案件，到著作权、商标、专利案件，再到不正当竞争、垄断案件；从民事侵权案件，到行政授权确权案件，再到刑事犯罪案件，中国法院知识产权司法保护从无到有，由弱变强，不断发展。1993年，中国首个知识产权审判庭在北京市中级人民法院成立；1995年，最高人民法院知识产权审判庭成立。截至目前，中国法院建立知识产权审判庭300余个，从事知识产权审判的法官人数约3000人。中国知识产权司法保护，在正规化、专业化、职业化、国际化的轨道上阔步前行。

二是狠抓执法办案，化解矛盾纠纷。从2000年至2016年，知识产权案件数量年均增速25%。截至2016年，中国法院共审结知识产权民事一审案件766101件，知识产权行政一审案件39113件，知识产权刑事一审案件76174件。大量发明创造、

“大事记”展区

全息透明展示柜展区

国际奖项及双语图书展区

商业标识、文学艺术科学作品得到有力保护，市场竞争秩序得以维护。

三是充分公开透明，实现阳光司法。2006 年，中国第一个、也是唯一一个专业化裁判文书网站，“中国知识产权裁判文书网”开通。2008 年，第一份《最高人民法院知识产权案件年度报告》发布。2009 年，第一本中英双语的《中国知识产权司法保护状况》白皮书诞生。2011 年，第一部《中国知识产权司法保护年鉴》出版发行。公开庭审亦成为知识产权案件审判的常态，多国使节都曾应邀旁听庭审。

四是贡献司法智慧，统一裁判规则。迄今为止，最高人民法院发布了知识产权司法解释及指导性文件近 40 件，知识产权典型案例数百件。20 件知识产权案例成为最高人民法院指导性案例。中国法院不断发出中国知识产权保护的最强音，司法已经成为中国知识产权保护的主导力量。2017 年，最高人民法院发布《中国知识产权司法保护纲要（2016-2020）》，充分发挥司法保护知识产权主导作用，中国法院，前景广阔。

五是创新体制机制，引领司法改革。2014 年，北京、广州、上海知识产权法院相继成立。2015 年，“最高人民法院知识产权司法保护研究中心”成立。2016 年，知识产权民事、行政和刑事案件审判“三合一”在全国推行。2017 年，四家跨行政区域管辖的知识产权法庭在南京、苏州、成都、武汉顺利揭牌。知识产权领域的司法改革，蹄急而步稳。

第十九届中央全面深化改革领导小组第一次会议强调，加强知识产权审判改革创新，要充分发挥知识产权司法保护主导作用，树立保护知识产权就是保护创新的理念，完善知识产权诉讼制度，加强知识产权法院体系建设，加强知识产权审判队伍建设，不断提高知识产权审判质量效率，优化科技创新法治环境。

最高人民法院党组高度重视知识产权审判工作，周强院长多次主持召开院党组会，专题研究知识产权审判工作，并作出重要指示。他指出，应在知识产权司法审判工作中贯彻服务创新驱动发展的理念，彰显我国加强知识产权司法保护的立场和决心。

中国法院将紧紧围绕习近平总书记提出的“努力让人民群众在每一个司法案件中感受到公平正义”的目标，坚持“司法主导、严格保护、分类施策、比例协调”的知识产权司法保护基本政策，以改革创新和勇于担当的精神，推动知识产权司法保护事业实现新发展，为推动实施创新驱动发展战略，实现“两个一百年”奋斗目标和建设知识产权强国世界科技强国提供有力司法保障。

体感透明玻璃成像展区

附：中国知识产权司法保护大事记（1980年至2017年4月）

1980年1月1日《中华人民共和国刑法》施行，该法第一百二十七条规定了假冒注册商标罪，中国法院据此对注册商标予以刑事司法保护。

1982年7月1日《中华人民共和国经济合同法》施行，中国法院开始依照经济合同法审理技术合同纠纷案件。

1983年3月1日《中华人民共和国商标法》施行，中国法院开始受理商标纠纷案件。

1985年4月1日《中华人民共和国专利法》施行，中国法院开始受理专利民事纠纷案件和发明专利授权确权纠纷案件。

1987年1月1日《中华人民共和国民法通则》施行，该法明确规定著作权（版权）、专利权和商标权等知识产权受法律保护，最高人民法院知识产权纠纷案件中的工业产权由经济审判庭负责审理，著作权由民事审判庭负责审理。

11月1日《中华人民共和国技术合同法》施行，中国法院据此全面开展技术合同纠纷案件的审判。

1991年6月1日《中华人民共和国著作权法》实施，中国法院开始依照该法全面开展著作权纠纷案件的审判工作。

1992年5月 最高人民法院在经济审判庭内设立工业产权审判组，专门负责审理专利、商标纠纷案件。

1993年8月5日 北京市高级人民法院、中级人民法院在全国率先设立知识产权审判庭。

12月1日《中华人民共和国反不正当竞争法》施行，中国法院据此开始受理不正当竞争纠纷案件。

12月24日 最高人民法院发出《关于深入贯彻执行〈中华人民共和国著作权法〉几个问题的通知》。

1994年6月 上海市浦东新区人民法院率先在全国基层法院设立知识产权审判庭。

1995年10月4日 最高人民法院成立知识产权审判庭（印章启用时间1996年10月30日），与经济审判庭合署办公，负责审理各类知识产权案件，指导监督全国法院知识产权审判工作。

1996年1月1日 上海市浦东新区人民法院率先在全国法院试点由知识产权审判庭统一审理知识产权民事、行政和刑事案件（简称知识产权审判“三合一”改革试点）。

1997年10月1日《中华人民共和国植物新品种保护条例》施行，中国法院据此开始受理植物新品种纠纷案件。

11月14日－18日 最高人民法院在江苏吴县召开全国部分法院知识产权审判工作座谈会。这是中国法院发展史上首次以知识产权审判为主题的全国性专业工作会议。

1998年7月11日 中央电视台直播北京市第一中级人民法院审理的十大电影制片厂诉北京天都电影版权代理中心等侵犯著作权纠纷案的庭审。这是中国历史上第一次向全国公众现场直播法院案件审理全过程。

1999 年 4 月 28 日 北京市海淀区人民法院审结陈卫华诉成都电脑商情报社侵犯著作权纠纷案，判决认定被告侵权成立，双方当事人均未提出上诉。这是中国首起涉及计算机网络的著作权纠纷案件。

2000 年 9 月 最高人民法院知识产权审判庭更名为最高人民法院民事审判第三庭。

2001 年 6 月 12 日 - 15 日 第一次全国法院知识产权审判工作会议在上海市召开。

2002 年 3 月 6 日 最高人民法院对宁波市东方机芯总厂诉江阴金铃五金制品有限公司专利侵权纠纷提审案作出判决，这是我国最高司法机关首次适用等同原则认定专利侵权。

2003 年 10 月 27 日 - 29 日 首次全国法院专利审判工作座谈会在山东济南召开。

2004 年 9 月 14 日 最高人民法院发出《关于进一步加强知识产权司法保护工作的通知》。

2005 年 2 月 1 日 最高人民法院公布 10 个知识产权司法保护典型案例。

2006 年 3 月 10 日 中国知识产权裁判文书网 http：//www.ipr.chinacourt.org）正式开通。

6 月，中编办批准最高人民法院民事审判第三庭对外称“最高人民法院知识产权审判庭”。

2007 年 1 月 11 日 最高人民法院发布《关于全面加强知识产权审判工作为建设创新型国家提供司法保障的意见》。

2008 年 2 月 19 - 20 日 第二次全国法院知识产权审判工作会议在山东济南召开。

11 月 29 日 最高人民法院在重庆宣布成立中国法学会审判理论研究会知识产权审判理论专业委员会。

2009 年 3 月 23 日 最高人民法院发布《〈最高人民法院关于贯彻实施国家知识产权战略若干问题的意见〉的通知》。

4 月 22 日 最高人民法院首次向社会发布《最高人民法院知识产权案件年度报告（2008）》。

2010 年 4 月 20 日 最高人民法院首次以年度报告的形式向社会发布《中国法院知识产权司法保护状况（2009）》。

2011 年 1 月 10 日最高人民法院、最高人民检察院、公安部印发《关于办理侵犯知识产权刑事案件适用法律若干问题的意见》的通知。

4 月 20 日最高人民法院组织人民日报、人民网、新华社等中央媒体开展了“知识产权司法保护江苏行”活动。

2012 年 5 月 28 日 中美知识产权司法审判研讨会在中国人民大学开幕，最高人民法院常务副院长沈德咏出席开幕式并致辞。

12 月 25 日 第十一届全国人民代表大会常务委员会第三十次会议举行第二次全体会议，最高人民法院院长王胜俊作了 2008 年以来人民法院知识产权审判工作情况的专项报告。

2013 年 3 月 21 日 第三次全国法院知识产权审判工作会议在陕西省西安市召开。

12 月 4 日 最高人民法院公开开庭审理腾讯诉奇虎不正当竞争纠纷上诉案。该案由最高法院组成五人合议庭审理本案。

2014 年 4 月 21 日 最高人民法院组织人民日报社、人民网、新华社等中央媒体开展了“知识产权司法保护广东行”活动。

7月3日 全国法院知识产权审判工作座谈会在湖北省武汉市召开。

11月3日 由世界法学家协会、最高人民法院共同举办、中国法院知识产权司法保护国际交流（上海）基地承办的“知识产权保护的国际视野”国际研讨会在上海召开。

11月6日、12月28日、12月16日 北京、上海、广州知识产权法院正式挂牌。

2015年1月22日，最高人民法院公布《最高人民法院关于修改〈最高人民法院关于审理专利纠纷案件适用法律问题的若干规定〉的决定》，自2015年2月1日起施行。

3月18日，最高人民法院知识产权司法保护研究中心在京成立，最高人民法院院长周强为研究中心揭牌，并为研究中心首届学术委员会委员、研究员颁发了聘书。

4月9日，上海市浦东新区人民法院自贸区知识产权法庭暨“最高人民法院知识产权审判庭自贸区知识产权司法保护调研联系点”揭牌。

4月20日，中央媒体“知识产权司法保护重庆行”正式启动。

4月20日，最高人民法院在重庆发布《中国法院知识产权司法保护状况（2014）》（白皮书）和2014年中国法院知识产权司法保护十大案件、十大创新性案件和五十个典型案例。

4月21日，最高人民法院发布《最高人民法院知识产权案件年度报告（2014）》。

4月22日，最高人民法院在第一法庭公开开庭审理礼来公司诉常州华生制药有限公司侵害发明专利权纠纷上诉案。技术调查官第一次出现在最高人民法院的法庭上。

4月23日，首次知识产权法院工作座谈会在北京召开，最高人民法院副院长陶凯元出席会议并讲话。

4月24日，“最高人民法院知识产权案例指导研究（北京）基地”在北京知识产权法院正式设立，这是全国法院首家知识产权案例指导研究基地。

5月28日，最高人民法院在长沙召开全国部分法院知识产权审判“三合一”改革试点工作座谈会。最高人民法院审委会委员、知识产权审判庭庭长宋晓明出席并讲话。

6月30日，最高人民法院院长周强主持专题会议听取关于知识产权法院工作情况的报告并讲话。

6月16日，最高人民法院在第一法庭公开开庭合并审理上诉人广东加多宝饮料食品有限公司与被上诉人广州王老吉大健康产业有限公司、广州医药集团有限公司擅自使用知名商品特有包装装潢纠纷上诉两案。最高人民法院组成了由知识产权审判庭宋晓明庭长担任审判长的五人合议庭对本案进行审理。

9月18日，“最高人民法院知识产权司法保护与市场价值研究（广东）基地”在广州知识产权法院隆重揭牌。

10月19日，由中国知识产权法学研究会、华东政法大学和美国联邦巡回上诉法院律师协会共同主办，由中国最高人民法院知识产权司法保护研究中心和中国法院知识产权司法保护国际交流（上海）基地特别支持的“知识产权与贸易国际论坛”在上海开幕，最高人民法院副院长陶凯元应邀出席并发表演讲。

11月7日，中国审判理论研究会知识产权专业委员会2015年年会在重庆召开。最高人民法院副院长陶凯元出席年会并致辞。

12月29日，最高人民法院副院长陶凯元在《求是》杂志发表重要专题文章“充分发挥司法保护知识产权的主导作用”。

2016年2月25日　最高人民法院院长周强，全国政协副主席、致公党中央主席、科技部部长万钢，全国政协副秘书长、致公党中央常务副主席蒋作君等领导一行到北京知产法院调研。

4月26日 最高人民法院对迈克尔·杰弗里·乔丹与国家工商行政管理总局商标局“乔丹”“QIAODAN”商标争议纠纷系列案件进行了公开开庭审理。最高人民法院陶凯元副院长任该案审判长。

7月5日 最高人民法院发布《关于在全国法院推进知识产权民事、行政和刑事案件审判“三合一”工作的意见》。

7月7日 最高人民法院在南京召开全国法院知识产权审判工作座谈会暨全国法院知识产权审判“三合一”推进会。最高人民法院副院长陶凯元作题为《充分发挥司法保护知识产权的主导作用 为建设知识产权强国和世界科技强国提供坚强有力的司法服务与保障》的讲话，最高人民法院知识产权庭庭长宋晓明作总结讲话。

11月3日 最高人民法院陶凯元副院长会见世界知识产权组织副总干事王彬颖。

11月24日　最高人民法院知识产权案例指导研究（北京）基地阶段性工作成果汇报座谈会在北京知识产权法院召开，最高人民法院副院长陶凯元出席会议并讲话。

12月8日 最高人民法院对迈克尔·杰弗里·乔丹与国家工商行政管理总局商标局“乔丹”“QIAODAN”商标争议纠纷系列案件进行了公开宣判。

12月16日 最高人民法院在上海召开第二次知识产权法院工作座谈会，最高人民法院副院长陶凯元出席会议并讲话。

2017年1月9日 成都知识产权审判庭正式成立。

1月11日　最高人民法院召开《最高人民法院关于审理商标授权确权行政案件若干问题的规定》新闻发布会，最高人民法院知识产权审判庭庭长宋晓明、副庭长王闯出席发布会，向媒体通报有关情况并答记者问。

1月19日 南京知识产权法庭、苏州知识产权法庭正式成立。

2月22日 武汉知识产权审判庭正式成立。

4月24日　最高人民法院召开新闻发布会，发布《中国知识产权司法保护纲要（2016-2020）》《中国知识产权司法保护状况（2016）》（白皮书），以及2016年中国法院知识产权司法保护十大案例和五十个典型案例。

4月25日 最高人民法院发布《最高人民法院知识产权案件年度报告（2016）。》

4月27日 “中国法院知识产权司法保护成就展”在中国法院博物馆开幕。最高人民法院院长周强为展览揭幕。

（最高人民法院民三庭供稿）

典型案例

办好小案件　彰显大格局

编者按： 2017年4月开展的“中国知识产权司法保护成就展”重点宣传了安徽省蚌埠市禹会区人民法院一审、蚌埠市中级人民法院二审的沈靓等4人假冒注册商标等罪一案。最高人民法院周强院长在观展时高度评价了这一案例，并指示要加强宣传。最高人民法院知识产权审判庭及安徽三级法院积极落实周强院长指示，加大对该案的宣传力度，向世界传递了中国法院加强知识产权司法保护的坚定决心和积极态度。

2017年10月25日，美国驻上海总领事馆总领事谭森专程前往蚌埠市中级人民法院，代表美国专利商标局向该院赠送了感谢证书，并表示将在近期特朗普总统到访期间，专门向其汇报中国法院在依法公正维护美国企业知识产权方面所做的努力。

“蚌埠法院公正审理的沈靓等4人犯假冒注册商标等罪一案，案件虽小，但国际影响大。不仅有力保护了美国斯伯丁、耐克等国际知名企业的知识产权，而且打消了众多美国企业来华投资的顾虑，坚定了在华投资的信心。”

——美国驻上海总领事馆总领事谭森先生2017年10月25日于蚌埠市中级人民法院

是什么案件办出了国际影响，引来美国驻上海总领事馆谭森总领事率耐克、斯伯丁、NBA等企业代表亲赴安徽，集体点赞中国法官？

2016年，蚌埠市禹会区人民法院审理沈靓等4人犯假冒注册商标等罪案，依法判处沈靓等4名被告人有期徒刑并处罚金。蚌埠中院终审裁定驳回沈靓等上诉，维持原判。该案四被告人犯罪行为涉及侵害“斯伯丁”、“NBA”、“耐克”、“阿迪达斯”等多个著名品牌，入选2016年中国法院50件典型知识产权案例。小小案件办出了国内外大影响。

假标识假商品 “一条龙”侵权

2010年、2015年，沈靓用亲友名义分别注册成立蚌埠市威胜体育用品公司等两公司，起初主要生产自有品牌篮球，兼作代加工。不久，沈靓发现了当“李鬼”、傍“大牌”的“生财之道”。他购买了假冒“斯伯丁”、“耐克”、“阿迪达斯”的模具、印标、商标等，模仿网络搜索的正品样图制版，以假名牌搭真名牌便车，开始了造假生涯。后来，沈靓进一步委托定远县超凡饰品公司代加工假冒“斯伯丁”、“耐克”、“阿迪达斯”篮球。他还聘请了杜文龙担任厂长负责生产销售。半年后，杜文龙得知沈靓并没有取得“斯伯丁”等品牌授权，但他仍选择继续为沈靓打理制假售假“事业”。

周锋元则是沈靓假冒商标的来源之一。他既向沈靓出售假冒篮球商标，又从沈靓处购买假冒篮球，在制假售假链条上，一人占据两个环节。

实体店互联网 多渠道售假

沈靓生产的假冒“斯伯丁”、“耐克”、“阿迪达斯”篮球流向了蚌埠、广州、西安、郑州、厦门、成都等多地，“运行轨迹”跨越大半个中国。销售下线们进一步扩大了假冒篮球的流散范围。如出售假冒商标标识、模具给沈靓的周锋元曾先后六次采购1956只假冒“耐克”篮球销售；而苏木禹则在明知这些篮球系假冒的情况下，仍采购3729只，在广州及周边城市销售一空。

除线下销售，沈靓还积极利用电商平台提升销量。沈靓注册了四家网店，在刷单等手段助推下，网店半年销售额就超过了线下销售额一年半总量，成为商标侵权新“战场”。

察事实辨法理 专业促公正

经权利人举报，蚌埠市公安局就沈靓等人涉嫌侵犯商标权罪立案侦察。后蚌埠市禹会区人民检察院指控沈靓等四人犯假冒注册商标等罪，向蚌埠市禹会区人民法院提起公诉。

因该案涉案金额大、社会影响广，禹会区法院高度重视，案件由知识产权审判庭庭长聂红梅亲自承办。在她的带领下，合议庭深入细致求证、复核案件事实，认真听取诉辩双方及注册商标专用权人意见，努力实现不枉不纵、深入源头、打击侵权。

合议庭将查明事实、辨法析理的焦点集中在四个方面：

一是本案系自然人犯罪还是单位犯罪。在查明涉案两公司实际经营人及决策者均为沈靓个人，且涉案资金往来均使用沈靓夫妻个人账户等事实的基础上，结合相关法律规定，法院认为本案中不存在犯罪的单位意志，应由沈靓、杜文龙个人承担责任。

二是商标权人、授权人出具的鉴定函的证据效力问题。本案中，商标权人及其授权人曾向蚌埠市工商局、侦查机关出具鉴定函，指出涉案篮球未经授权使用了与其持有注册商标相同的标识。进入诉讼程序后，检方将鉴定函作为沈靓等人侵权证据之一提交。沈靓辩护人认为此类鉴定函系受害人陈述，质疑其证明力。法院经过分析论证，认为商标权人及其授权人最熟悉自己注册商标及商标标识，最掌握产品防伪秘密点，对自己产品具有完备鉴别能力，由他们判断涉案产品是否为本公司生产，具有一定合理性，在证明产品真伪方面具有无法替代的价值，综合全案事实和其他证据，对该鉴定函予以认可。

三是犯罪数额如何确定。沈靓提出他制售的假阿迪达斯篮球与阿迪达斯商标权证核定的商品（球类和器材、运动球类）属于类似商品而非同一种商品，该部分生产数额应予扣减。法院通过对篮球运动的分析、定性，认为篮球属于第28类的球类及器材，沈靓等生产销售假冒阿迪达斯篮球构成侵权，相关数额不予扣减。但针对网店交易中存在的虚假交易（刷单）情况，合议庭从有利于被告人角度，扣除沈靓自认、合理的刷单金额，发挥了刑法对知识产权犯罪的打击、震慑作用，体现了刑法固有的理性与谦抑。

四是周锋元销售假冒商标行为的定性。法院通过辨法析理，认为周锋元销售假冒注册商标标识与沈靓没有共同假冒注册商标故意，其向沈靓销售假冒商标标识的行为完全符合了销售非法制造的注册商标标识罪的犯罪构成要件，对其以该罪定性，既符合罪刑法定法则，也有利于全方位惩治链条式商标类犯罪的不同节点，更好地打击预防犯罪。

经过审理，蚌埠市禹会区法院判处沈靓等4名被告人有期徒刑三年零八个月到十一个月不等并处罚金人民币130万元到6.5万元不等。蚌埠中院二审裁定予以维持。该案入选2016年中国法院50件典型知识产权案例，并在首届中国法院知识产权司法保护成就展中展出，最高法院周强院长给予该案充分肯定，并指出该案件注重对国际知名体育品牌的保护，效果很好，要求加大宣传力度。

案件审结后，产生了良好的社会反响。2017 年 3 月，斯伯丁体育用品（中国）有限公司执行董事兼法定代表人 Daniel R.Peterson 代表公司向禹会区法院院长致感谢函。10 月 25 日，新任美国驻上海总领事馆谭森总领事携领事、知识产权官员及耐克、斯伯丁、NBA 和 Brands 等企业代表团到访安徽法院，交流知识产权审判工作，感谢法院公正处理沈靓等 4 人犯假冒注册商标等罪案，并赠送了美国知识产权局的感谢证书。安徽高院张坚院长会见谭森总领事，并就知识产权审判工作进行了深入交流。张坚院长在交流中表示，近年来，安徽法院在涉外知识产权审判中，坚持依法、平等、及时保护中外当事人利益的原则，充分发挥了司法保护知识产权的主导作用。

（安徽高级人民法院供稿）

专家观点

中国知识产权制度的发展与思考

易继明[①]

随着知识产权强国战略的提出，知识产权已经从一种私权（民事权利）的授权确权机制，一跃而成为一种有效的社会资源，随之应该建立起一套适应现代社会的现代化治理体系。这个治理体系，具有三个面向：一是以授权确权为基础；二是利用这种财产性权利为主的私权，促进工商业和对外贸易繁荣与发展；三是将知识产权作为一种国家战略，提升综合国力，并在对外关系、国际秩序构建中发挥作用。这就意味着，我们要从知识产权保护制度中跳出来，重新审视权利保护制度及其所营造的法律环境：对知识产权及其相关领域中的体制和机制进行检讨、反思与改革，以适应知识产权治理体系及其结构性需求，构建并完善现代知识产权治理体系。

中国知识产权制度之引进

知识产权制度发源于欧洲，1474年威尼斯共和国制定的《专利法》拉开了知识产权制度的序幕。回顾历史，西方知识产权制度的建立与发展，与其工业革命的历程高度重合。近现代西方的崛起，背后的核心推动力量是数次工业革命背后的技术进步，而为技术进步保驾护航的正是知识产权制度。由于看到知识产权制度与技术革新之间的这种关系，日本在明治维新时代开启了东方建立知识产权制度的先河，也自此，一举成为亚洲的技术研发高地。上世纪中后期开始，知识产权制度进入了一个深度发展的阶段，表现为在全球化背景下，知识产权与国际贸易高度融合，典型的代表便是WTO与TRIPS的诞生。TRIPS将原本差异较大的各国知识产权制度进行了相对统一，同时其较高的保护水平进一步维护了发达国家的技术和市场优势地位。

① 北京大学法学院教授、博士生导师，北京大学国际知识产权研究中心主任、研究员，北京大学法学博士。

我国清末民初建立起来的知识产权制度，因为战乱频仍未得以真正实施，而1949年新中国进行社会主义改造，计划经济思想无法形成具有私权性质的知识产权制度。事实上，我国目前确立的知识产权制度，是在改革开放之后。1982年8月制定了《商标法》，于1983年3月施行，后经历了三次修改；1984年3月制定了《专利法》，于1985年4月施行，后经历了三次修改，现在正在进行第四次修改；1990年9月制定了《著作权法》，1991年6月实施，后经历了两次修改，现在正在进行第三次修改。围绕三部知识产权基本法，相应制定了大量行政法规、司法解释，已经构成了一个比较完善的知识产权司法保护法律体系。

中国知识产权的发展与现状

中国知识产权制度建立的最大背景就是改革开放。彼时，我国所面临的主要任务是如何引进国外先进科学技术、吸收国外资金，以提高社会生产力，而国际社会质疑我国在引进技术的同时，能够很好地保护其知识产权。1989年到1995年的中美知识产权谈判中，就体现美国对中国建立知识产权制度的要求，也是其技术与贸易交流与合作的前提。可以说，当时国际上要求我国加强知识产权保护的呼声，远远高于国内。加之，我们希望能够融入世界经济贸易体制，在积极争取加入WTO，建构对外开放的大格局。这种局面，一是我们有内在的需求，二是有外在的压力和期待。因此，很快，我们建立并完善了知识产权法律体系和执法体系。不过，从改革开放到入世阶段后的相当一段时期，对知识产权保护的现实需求，国际社会的要求大于国内，国内也很难形成知识产权强保护的观念意识和制度环境。

这一时代初衷，决定了我国现代知识产权制度的建立，自一开始便具有两个鲜明的特征。其一，我国知识产权制度的建立具有鲜明的国际化特点，其建立与参与知识产权国际保护几乎同步。1980年6月我国正式加入世界知识产权组织（WIPO）；1985年3月正式加入《保护知识产权巴黎公约》；1989年10月正式加入《商标国际注册马德里协定》；2001年加入WTO之后，进行了一轮大规模知识产权修法。其二，我国的知识产权法律规范强调的保护程度较高，突出表现为我国采取了司法保护与行政保护并行的双轨制保护模式。由于行政措施对现实具有高度的回应性，相对司法保护而言，能够给予知识产权人及时有效的保护，这在特定的背景之下，回应了国际社会的需求。

经过近40年的发展，我国完成了资金、人才培养、技术等各方面的积累，而在发展过程中，也深刻认识到了知识产权制度对经济发展的巨大作用。由此，2008年6月5日，国务院颁布实施《国家知识产权战略纲要》(简称《纲要》)，将知识产权工作上升到国家战略层面进行统筹部署和整体推进。《纲要》明确提到，到2020年把我国建设成为知识产权创造、运用、保护和管理水平较高的国家，5年内自主知识产权水平大幅度提高，运用知识产权的效果明显增强，知识产权保护状况明显改善，全社会知识产权意识普遍提高。自2008年《纲要》实施以来，我国在知识产权领域取得了巨大进步，成为名副其实的知识产权大国：知识产权拥有量大幅增长，知识产权运用能力稳步提升，知识产权意识明显增强，知识产权保护力度不断加大。以专利申请为例，自2011年以来已连续6年世界排名第一，而且呈现出快速增长的态势。

知识产权制度运行30多年来，有力支撑了社会经济的发展。然而，不可否认的是，当前我国知识产权制度仍然存在诸多问题，比如以专利为代表的知识产权侵权诉讼和确权纠纷复杂，维权存在时间长、举证难、成本高、赔偿低等现象。就知识产权整体发展状况而言，所呈现的却是“大而不强、多而不优”的局面。例如，2012年，我国三方专利(Triadic Patent Families)数量仅占全球的2.33%，而日本和美国则分别占到了全球的30%(张志成:《知识产权强国问题初探》，载《科技与法律》2015年第4期)。在知识产权国际转让与许可方面，我国也是长期处于逆差，属于“知识产权进口大国”。这些意味着，我国在诸多关键技术上，仍依赖他国，受制于人，我国知识产权整体呈现“大而不强”的特点。

我国知识产权强国之路

为了转变经济增长方式和社会发展模式，我们提出了“科技强国”“工业强国”“质量强国”“制造强国”等各种“强国战略”，在这些林林总总的“强国战略”中，核心的问题其实就是知识产权问题，是知识产权的创造与运用能力不足的问题！自主创新能力弱，必然缺乏自主知识产权；关键技术和高端装备往往包含了核心知识产权——我们自己缺乏，自然对外依存度高；缺乏知识产权的核心支撑，相关产业的影响力及国际化程度也会受到制约；没有高质量的知识产权支撑，产品档次上不去，世界知名品牌也就少；衍生下去，必然导致经济活动依靠资源能源消耗、环境污染来维持，表现为产业结构不合理、企业市场主体地位没有能够充分发挥。

中共十八大明确提出，坚持走中国特色创新道路、实施创新驱动型发展战略。2014 年 7 月，国务院总理李克强在会见世界知识产权组织总干事高锐时，首次提出要“努力建设知识产权强国”。同年 12 月，国务院办公厅转发《深入实施国家知识产权战略行动计划（2014 年——2020 年）》（简称《行动计划》），提出要认真谋划建设知识产权强国的发展路径。《行动计划》这一要求，成为 2008 年《纲要》后期实施中需要认真思考和谋划的重要任务。《战略纲要》提出，到 2020 年要把我国建设成为知识产权创造、运用、保护和管理水平较高的国家；而《行动计划》此间的意图，就是要在 2020 年之后，国家知识产权战略进入升级版，即再经过大约 10 年的时间，至 2030 年，将我国建设成为一个知识产权创造、运用、保护水平强大的国家。此一思路，即从“知识产权大国”向“知识产权强国”的战略转变中，中国终于迈出了关键性的一步，也成为我国知识产权事业发展的新的历史使命。

何谓“知识产权强国”呢？学者们曾探讨过，“知识产权”与“强国”之间，到底是用介词“of”还是“by”的问题。我认为，知识产权强国包括三个方面内涵：一是知识产权本身很强大，即拥有大量的高质量或高水平的专利、植物新品种、著作权、商标等知识产权；二是通过知识产权促进一国社会经济发展和综合国力提升，使之成为一个强大的国家；三是形成知识产权强保护的制度环境，集聚各种创新资源，并能够在知识产权国际规则形成过程中发挥主导作用。从这三个方面讲，除了“of”和“by”之外，还包括了宽泛意义上的“in”的问题。因此，从这种意义上理解知识产权强国建设，其发展路径不单是知识产权的量和质，还包括与此相关的工业、经济、贸易、文化、外交等，以及相应的制度环境建设。

基于我国目前的发展阶段和所面对的国际战略态势，我认为未来我国的知识产权发展将呈现出四个方面的大趋势：其一，将更多的以我国的自主需求为主导，将知识产权“为我所用”，相比于此前阶段，受到的国外影响将会弱化；其二，知识产权的保护力度将会进一步加强，一方面表现在知识产权的客体将会扩张，如在“互联网+”的语境下对商业模式等给予知识产权制度保护，另一方面表现在对知识产权侵权的打击力度进一步加强，如通过惩罚性赔偿制度等增加损害赔偿；其三，知识产权体制机制将进一步完善，如知识产权专门法院在经过试点后会普遍建立，再如在知识产权行政领域集中统一的行政管理会成为改革方向；其四，在国际上会主动掌握知识产权话语权，例如，可以以“一带一路”“海上丝绸之路”等重大战略为纽带，进行知识产权制度服务输出，从知识产权规则的“接受者”向“制定者”转变。

绿水青山就是金山银山

——人民法院环境资源审判成果展

2017年6月5日，中国法院博物馆协调环资庭举办“人民法院环境资源审判成果展”。周强院长在开幕式上强调，在“世界环境日”举办此次展览，既是对党的十八大以来人民法院环境资源审判工作的系统总结和集中展示，也是面向社会公众的一次全面汇报和深入交流。希望通过展览让全社会更加深入地了解中国环境资源审判工作发展历程和取得的成果，同时充分听取社会各界意见建议，推进环境资源审判工作更加深入有效开展。该展览以“绿水青山就是金山银山”为主题，分为七个板块，从环境资源审判的历史沿革、职能作用、机构建设、工作机制、司法理念与审判规则、理论创新、团队专业能力建设等方面系统回顾总结了党的十八大以来人民法院环

最高人民法院环境资源的主要职责

境资源审判工作，全面介绍了人民法院为生态文明建设和绿色发展提供司法服务和保障的重要举措和工作成果。

本次展览主要有以下内容：

一、环境资源审判扬帆起航

2014年7月，《最高人民法院关于全面加强环境资源审判工作为推进生态文明建设提供有力司法保障的意见》发布，确立了环境资源审判专门化总体工作思路，被评为当年最高人民法院十大司法政策之一。

2015年11月，第一次全国法院环境资源审判工作会议在福建古田召开，明确了构建环境资源审判"五位一体"专门化机制。2016年6月，最高人民法院发布《关于充分发挥审判职能作用为推进生态文明建设与绿色发展提供司法服务和保障的意见》，探索建立专门机构，明确职责分工，打造既精通法律又熟悉环境知识的专业化审判团队。

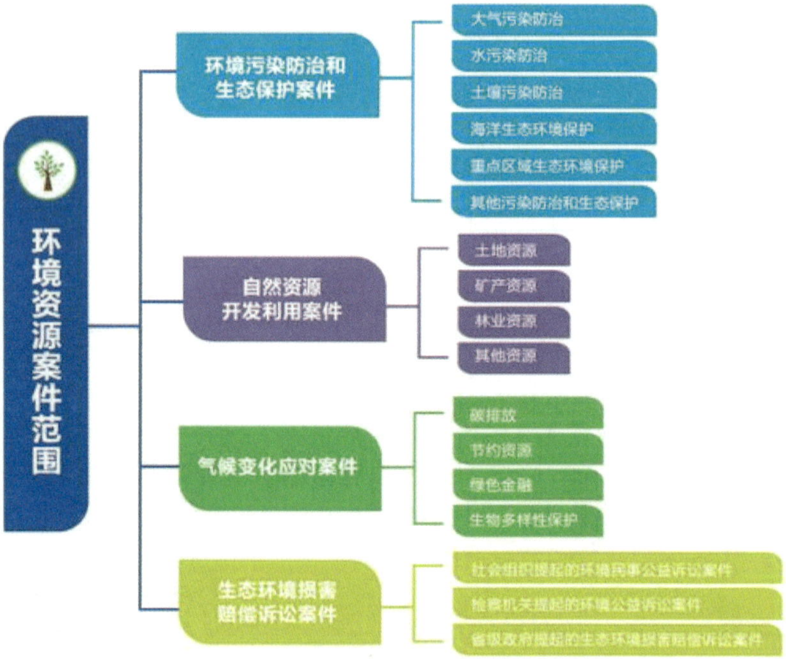

环境资源主要范围

二、充分发挥审判职能作用

人民法院通过充分发挥审判职能来保护青山绿水，依法惩处污染环境、破坏资源等犯罪，监督、支持环境资源行政主管部门依法行政，妥善处理各类环境资源民事纠纷，加大对环境权益保护力度，有效发挥环境资源审判职能作用。

2014 年 1 月到 2017 年 3 月，全国法院共受理各类环境资源一审刑事案件 60147 件，审结 56732 件。在展览中，通过多起环境资源审判典型案例的图文介绍，生动展示了人民法院依法惩处污染环境、破坏资源等犯罪行为，为保护自然资源环境所做出的努力。

福建省连城县人民法院审理的腾某等十余人非法采矿案现场。

四川省甘孜藏族自治州中级人民法院审理的刘某非法收购珍贵、濒危野生动物制品案中涉案的国家Ⅱ级重点保护野生动物水鹿鹿头制品。

三、推进环境资源审判机构建设

设立专门审判机构

环境资源案件审理具有高度复合性、专业技术性等特征，最高人民法院指导各级人民法院以设立专门审判机构为基础手段，调配审判人员，转变审判理念，完善程序规则，对环境资源案件进行专业化审理。目前全国法院共计建设环境资源审判庭296个，环境资源合议庭617个，环境资源巡回法庭33个，遍布全国各地。

三年时间，人民法院环境资源审判庭交上了一份沉甸甸的“成绩表”。据统计，截至2017年3月，全国各级人民法院环境资源案件受理情况如下：

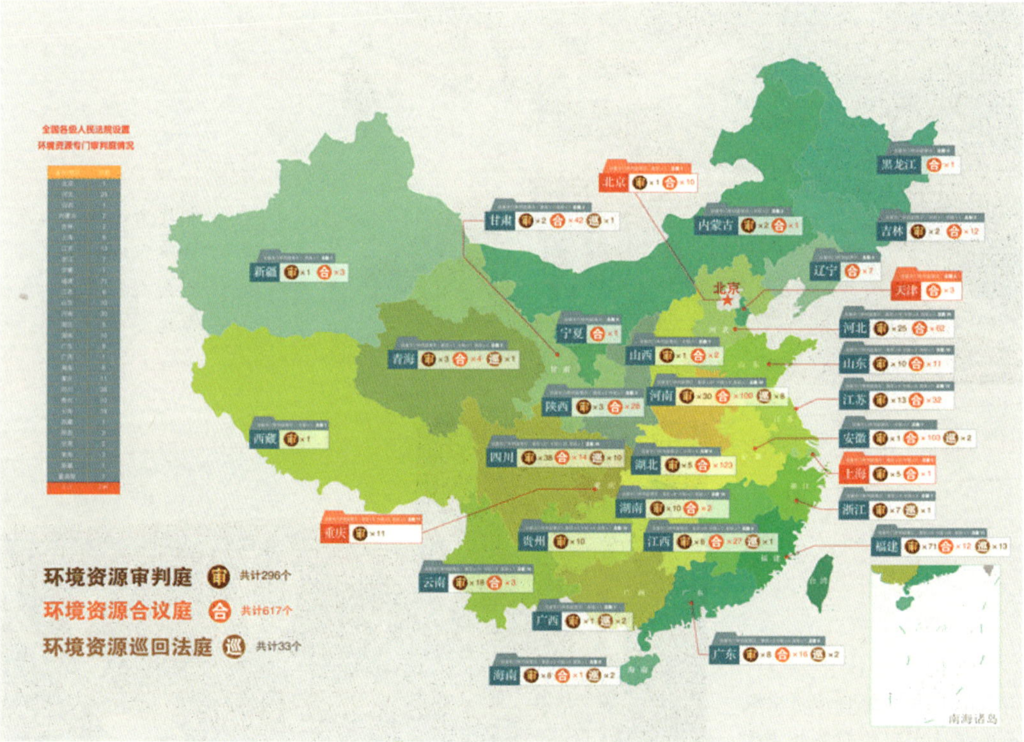

全国法院环境资源审判机构建设情况汇总表

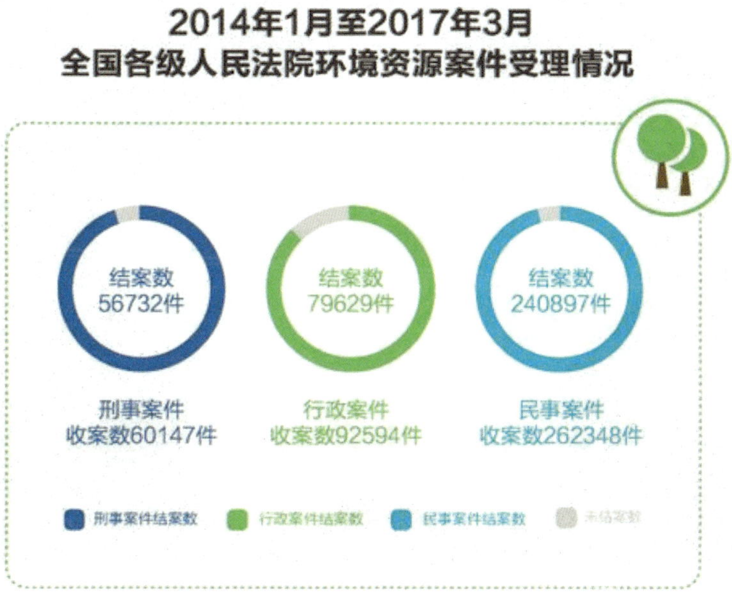

环境案件受理情况

探索审判工作机制

各级人民法院按照最高人民法院的统一要求和部署，积极探索构建环境资源跨行政区划集中管辖制度，环境资源案件归口审理模式，环境司法执法协调联动机制和多元化纠纷解决机制，为环境资源审判专业化发展提供制度保障。

在贵州，根据省内主要河流的流域范围，全省被划分为 4 个生态司法保护板块，由 4 个中级人民法院、5 个基层人民法院集中管辖环境保护案件。类似情况的，还有江苏、湖北、广东、河北、青海及 新疆维吾尔自治区等地。

在探索案件归口审理模式中，有两个形象的名词——“二合一”或者“三合一”。2016 年 4 月，最高人民法院决定将以环境保护主管部门为被告的二审、申请再审的行政案件及其业务监督指导工作，调整由环境资源审判庭负责，开始实施审理环境资源案件民事、行政“二合一”工作模式。

基于环境污染和生态破坏同时侵害人身、财产和生态环境的交互性特征，为协调因同一行为引发的环境资源刑事、民事、行政案件的审理，统一裁判尺度，各级法院

环境资源司法理念

积极探索涉及环境资源的民事、行政案件，乃至刑事案件统一归口一个审判庭审理的“二合一”或者“三合一”工作模式。

青海省祁连县人民法院法官巡回审理环境资源案件。

各级人民法院贯彻落实党的十八届五中全会提出的五大发展理念，坚持绿色发展，树立现代环境司法理念，统一案件裁判尺度，探索新类型案件审判规则，完善公益诉讼程序规则，丰富专业事实查明规则，精准提升环境资源审判效能。

五、完善环境资源司法理念与审判规则

为更好地保障环境资源审判工作，最高人民法院加强了司法解释的起草、发布工作，形成了内容丰富、涉及面广的环境司法解释系统，为法官裁判案件提供了更为具体、明确的规则依据。展出的这张图表里，列出了自2000年以来，最高人民法院为保障环境资源审判所出台的重要司法解释。

环境保护联动机制

在准确把握司法权边界的前提下，各级人民法院

司法解释

名称	发文字号	发布时间	施行时间
《最高人民法院关于审理破坏土地资源刑事案件具体应用法律若干问题的解释》	法释【2000】14号	2000年6月19日	2000年6月22日
《最高人民法院关于审理破坏森林资源刑事案件具体应用法律若干问题的解释》	法释【2000】36号	2000年11月22日	2000年12月11日
《最高人民法院关于审理破坏野生动物资源刑事案件具体应用法律若干问题的解释》	法释【2000】37号	2000年11月27日	2000年12月11日
《最高人民法院关于审理非法采矿、破坏性采矿刑事案件具体应用法律若干问题的解释》	法释【2003】9号	2003年5月29日	2003年6月3日
《最高人民法院关于审理破坏林地资源刑事案件具体应用法律若干问题的解释》	法释【2005】15号	2005年12月26日	2005年12月30日
《最高人民法院关于审理船舶油污损害赔偿纠纷案件若干问题的规定》	法释【2011】14号	2011年5月4日	2011年7月1日
《最高人民法院关于审理破坏草原资源刑事案件应用法律若干问题的解释》	法释【2012】15号	2012年11月2日	2012年11月22日
《最高人民法院、最高人民检察院关于办理环境污染刑事案件适用法律若干问题的解释》	法释【2013】15号	2013年6月17日	2013年6月19日
《最高人民法院、最高人民检察院关于办理走私刑事案件适用法律若干问题的解释》	法释【2014】10号	2014年8月12日	2014年9月10日
《最高人民法院关于审理环境民事公益诉讼案件适用法律若干问题的解释》	法释【2015】1号	2015年1月6日	2015年1月7日
《最高人民法院关于审理环境侵权责任纠纷案件适用法律若干问题的解释》	法释【2015】12号	2015年6月1日	2015年6月3日
《最高人民法院、最高人民检察院关于办理非法采矿、破坏性采矿刑事案件适用法律若干问题的解释》	法释【2016】25号	2016年11月28日	2016年12月1日

司法解释

积极推动建立与公安机关、检察机关、环境资源行政主管部门之间的协调联动机制，加强环境资源司法与行政执法相互衔接、协调配合；积极推动完善仲裁、诉前调解等非诉纠纷解决机制，使诉讼和非诉讼纠纷解决机制相互衔接、优势互补，构建完善的环境资源多元化纠纷解决机制，形成环境资源保护的合力。

六、加强环境资源审判理论创新

最高人民法院坚持理论创新，设立环境资源司法研究中心，聘请环境资源领域专家学者担任研究员和咨询专家；依托高校资源，合作建立理论研究基地；在十五家地方法院设立实践基地。部分地方法院也建立了审判专家库，为提升司法水平提供智力支持。

2015年5月19日上午，最高人民法院环境资源司法研究中心正式揭牌。

提升审判团队专业能力建设

各级人民法院积极推进审判团队的思想政治建设，结合法官员额制、司法责任制等改革要求，积极开展业务培训，努力培养一支既精通法律又熟悉环境专业知识的审判队伍。截至2017年5月，各级人民法院约有环境资源审判人员1761人，其中法官856人，法官助理398人，书记员513人。硕士以上学历434人。值得一提的是，最高人民法院环资庭在编25人，博士后1人，博士及博士在读13人，硕士11人，博士达到了在编人员的52%。

2016年6月14日，全国法院环境资源审判工作培训班在国家法官学院举办，最高人民法院党组书记、院长周强出席培训班并作重要讲话，党组副书记、副院长江必新出席开班仪式作动员讲话。

为应对全球环境问题，促进对外交流，最高人民法院先后举办、参加了金砖国家

最高人民法院环境资源司法研究中心正式揭牌

最高人民法院环境资源审判庭与欧盟环保协会共同举办
气候变化司法应对国际研讨会

大法官论坛、博鳌亚洲论坛环境司法分论坛等国际会议，就环境资源司法领域的各项问题研讨和交流，不断提升中国环境资源审判的国际影响力。

2016 年 6 月 13 日，最高人民法院环境资源审判庭与欧盟环保协会共同举办气候变化司法应对国际研讨会。

本次“环境资源审判成果展”内容十分丰富，现场还有全息展柜等黑科技，以及难得一见的裁判文书、司法解释原件等珍贵展品。

（最高人民法院环境资源审判庭供稿）

专家观点

推进绿色司法　突破两个瓶颈

周　珂[①]

目前，绿色司法已成为中国生态环境保护与司法审判共同关注的焦点。绿色司法是以绿色发展为理念，以环境资源审判为核心的司法机制及其活动。绿色司法来源于绿色发展的现代环境司法理念，最高人民法院院长周强提出要“树立绿色发展的现代环境司法理念，以审判专门化为总抓手，以改革创新为动力，完善审判体制机制，提高队伍能力素质，充分发挥环境资源审判职能作用，为加快推进生态文明建设和十三五规划提供有力司法保障。”绿色司法实践来自人民法院环境资源审判司法实践的探索。例如，2007 年贵州清镇市人民法院生态环保法庭审理破坏环境资源案件，创新引入生态补偿机制的非刑罚判决方法，在全国司法审判中产生深刻的影响，媒体始称为“绿色司法”。

绿色司法服务于绿色发展和绿色经济。2008 年 10 月和 12 月，联合国环境署发起了在全球开展绿色经济和绿色新政的倡议，其基本目标是在目前全球多重危机下，透过绿色经济和绿色新政复苏世界经济，创造就业；减少碳排放，缓解生态系统退化和水资源匮乏；到 2025 年实现结束世界极端贫困的千年发展目标。该倡议所秉承的宗旨和理念是：经济的绿色化不是增长的负担，而是增长的引擎。2009 年联合国环境署国家环境部长会议上正式提出绿色经济倡议，认为绿色经济可以在解决经济危机、创造就业机会和保护环境方面发挥更大作用。

我国对绿色经济一直高度关注、积极推进。早在 2006 年，国家就在十个省区进行绿色 GDP 考核试点，取得了充分和有益的经验。与绿色经济相关的清洁生产、循环经济、低碳生活等相继通过立法确立。党的十八届五中全会确定了“创新、协调、

① 中国人民大学法学院教授，中国环境资源法学研究会常务理事，教育部法律顾问。

绿色、开放、共享”的发展理念，进一步推动绿色经济深入人心。2016 年“绿色金融”首次出现在中国《政府工作报告》中，李克强总理在政府工作报告中指出：要把发展绿色经济作为各国推动可持续发展、促进世界经济金融和气候变化资金作为新的议题重点讨论。2017 年 5 月 15 日，国家主席习近平在“一带一路”国际合作高峰论坛上倡议建立“一带一路”绿色发展国际联盟。同一天，最高人民法院发布了涉“一带一路”建设十起典型案例，标志着我国绿色司法从国内走向国际。

我国绿色司法虽然发展迅速，但作为一个新事务，也面临挑战与瓶颈，为此，正确处理好两个关系至关重要：

一是立法与司法的关系——能动司法的引入

我国环境立法和环境司法的关系非常复杂。一方面，环境立法起步和发展遥遥领先于环境司法。长期以来实行环境保护行政主导，立法作为环境行政管理的依据受到重视，而且基于预防为主和风险预防的原则，环境立法强调超前性。从环境立法数量上看也是增长最快的法律领域，目前已有法律四十余件，行政法规和部门规章数百件，地方立法数百件，成文法数量在中国各领域法中名列前茅。另一方面，我国环境立法经历了井喷式的高速发展阶段后，目前也面临一些困惑与问题。首先，科学上的不确定性约束环境立法不能无限制地超前。例如，气候变化问题是近年来全球环境保护的核心问题，但无论是气候变化的成因和影响，还是治理和适应气候变化的行动，都存在一定程度的科学不确定性，这种不确定性是短期内无法解决或形成共识的。法律作为上层建筑最稳定的组成部分，作为社会规范最严谨的终端部分，首先表现在立法上对科学的确定性有极高的要求，即科学上尚未完全证实的事务不宜成为法律规范。以气候变化立法为例，美国联邦立法一直非常谨慎和保守，甚至连唯一的相关立法（可再生能源法）亦几经曲折最终还是在参议院被腰斩。其次，环境立法是经济、社会、政治、国际诸问题的复杂博弈，气候变化谈判与国际立法充斥着各种阴谋论已是不争的事实，不同利益集团、不同政党、不同时期的差异与变化，也导致立法的困境，在此情况下不切实际的积极立法不仅不明智，更会损害国家利益。从我国国内环境立法情况看，国家对环境立法质量提出更高的要求。

我国环境司法一度滞后，环境争议案件曾主要依赖行政调处解决，甚至一些地方规定严格限制法院受理环境争议案件。2014年新环保法出台前后，我国环境资源司法审判有明显的进步，各级环境资源审判庭相继建立，环境资源审判典型案例和司法解释的出台，环境资源法制呈现出新气象。但同时，环境资源审判中也出现了一些值得关注和研究的问题。近年来我国经济和社会出现了快速转型，部分社会矛盾复杂具有群体性，此类矛盾体现在：环境污染侵权、环境污染事故及由此引发的矛盾导致企业和公众间的冲突，土地和拆迁导致的开发企业、地方政府和被拆迁群众之间的矛盾，企业破产矛盾、安全生产事故等。此类案件普遍存在社会利益多元、城乡差异明显、冲突双方力量不平等、代理资源分布不均等事实现象，对严格意义上的抗辩制合理性基础造成了一定冲击。例如，一些环境资源案件的审理欠缺实体法和程序法的依据，特别是诸如气候变化、碳汇交易、污染第三方治理、生态补偿等重要的新型的环境资源争议案件，现行实体法律规范欠缺；又如，环境行政公益诉讼、环境损害基金、环境损害鉴定和举证等问题程序法律规范的欠缺等。上述问题不同程度地导致立案难、举证难、鉴定难、判决难，进而又导致一些案件审理存在消极被动的状况。这些问题实质上是立法与司法关系的瓶颈，而突破这一瓶颈的重要途径就是能动司法。

2016年最高人民法院副院长江必新曾强调能动司法在环境资源司法审判中的重要性："依法适度强化能动司法……妥善审理碳排放、能源节约等涉及气候变化的案件，充分发挥司法在减缓和适应气候变化中的重要作用，推动构建国家气候变化应对体系。"与传统案件区别，环境资源案件审理客观上要求突破司法谦抑性及司法克制主义传统，体现以人民利益为终极皈依，主动积极地采用调研、查证、审判、调解等多种方式，并使审判活动、司法判决达成社会效果与法律效果的统一。我国环境资源司法审判的一些成功的典型案例，都不同程度地体现出能动司法的优势。事实上，环境资源审判特别是气候变化司法审判的司法能动主义也体现为一种国际趋势。美国等西方国家在国内法律渊源相对缺乏的情况下，积极适用国际或他国立法资源，表现出一定程度的创造性，这些成功的司法实践也为我国环境能动司法提供了有益借鉴。

二是传统司法与绿色司法的关系——环境正义的引入

我国环境司法与国外环境司法的产生背景有所不同。许多国家特别是西方国家，其重要并有影响力的环境案件是由环保NGO组织提起，其诉讼重心并不是放在民事损害赔偿上，而是基于环境正义的诉求，包括生态损害、后代人利益、动物权利、环境权等。而我国环境诉讼中NGO出现较晚，环境诉讼长期以来是通过一般民事损害救济的诉讼，即使近年来出现了环境公益诉讼也依然主要集中在民事赔偿上，这种背景下的环境司法审判必然形成传统司法主要是民事司法的理念思维和价值判断为主导，而这种传统司法与绿色司法的差异正日益明显地呈现出来，并且直接影响了环境案件审理的质量和功能。

例如，关于民事主体在无行政许可的情况下利用自然资源，而因污染遭受财产损失，是否有权主张污染损害赔偿问题，在国内外都有非常明显的争论。总体上看，在较早期，民法学者普遍认为此种请求不应受到法律保护，而环境法学者大多认为应当予以保护。这种争论在国外也曾出现过截然不同的判例。但是目前，环境正义（体现和实现人们在利用和保护环境的过程中，对其权利和义务、所得与投入的公正评价）已为大多数国家的司法所认可。环境正义与一般意义上的法律公平正义既有关联又不尽一致，这决定了绿色司法与传统司法不能一概而论。在我国环境司法审判领域内，绿色司法和环境正义已经受到关注，但尚未被广泛认知和自觉适用，绿色司法任重道远。

环境正义与一般意义上的法律公平正义既有关联又不尽一致，这决定了绿色司法与传统司法不能一概而论。有鉴于此，环境司法理论研究与实践更紧密地结合至关重要。一是重视环境司法与传统司法的对话；二是加强环境司法审判与环保行政部门和检察机关的联动；三是重视环境司法审判队伍专业水平的提高；四是鼓励院校环境法学者到法院特别是环资庭挂职；五是加强环境司法理论与实务的国际交流与合作。

地方司法文化

Local Judicial Culture

中國法院博物館

CHINA COURT MUSEUM

北京法院院史展

第一部分　展厅简介

为总结创业艰辛，激励和引导广大干警忠诚党的事业、坚定法治信仰、珍惜职业荣誉，2015 年 1 月，北京市高级人民法院院党组决定开展院史展厅建设工作。同年 12 月，北京法院院史展厅基本建成。

北京法院院史展占地面积约 720 平方米，陈列了清朝中期以来的珍贵文物、反映重大案（事）件的卷宗和图片，其中实物 300 多件、图片 900 多张、视频 40 余部。院史展分为一纵一横两条脉络。纵的方面以历史阶段为序，分为溯前、初建、探索、坎坷、奋进和跨越等六个部分，横的方面以工作内容为序，分为刑事审判、民事审判、行政审判、执行工作、立案申诉审监、队伍建设、接受监督、司法政务和裁判文书等九个专题，全方位、多角度地展示了北京法院的历史进程，反映了“明德尚法、忠诚为民、秉廉守正、博学首善”的北京法院精神，是北京法院的党建教育基地、传统教育基地、司法审判研究基地和形象展示基地。

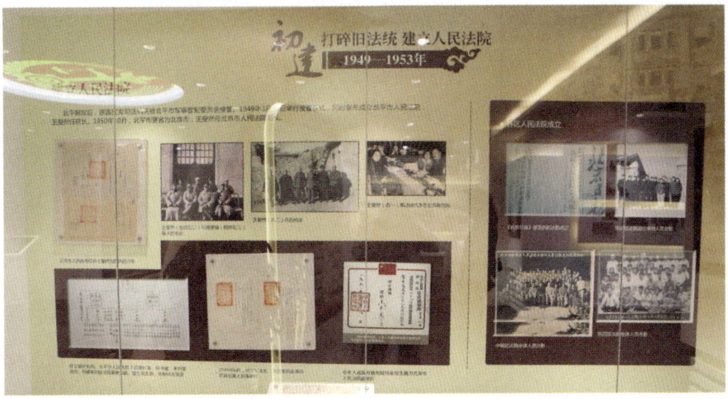

1
2
3 4

1“溯前”部分，展现北京地区清末、民国时期的审判活动。

2“初建”部分，展现北京法院1949至1953年的历史。这一时期，北京法院打碎旧法统，建立人民法院。

3“探索”部分，展现北京法院1954至1965年的历史。这一时期，北京法院的主要任务是维护国家安全，保护经济建设。

4“跨越”部分，展现北京法院2012年以来的工作。这一时期，北京法院谱写法院发展新篇章。

第二部分　珍贵文物

1. 京师地方审判厅扣押的证据——贴有大龙邮票的明信片

京师地方审判厅：光绪32年（1906年），清政府宣布改革官制，“刑部著改为法部，责任司法；大理寺著改为大理院”。1907年，在京师设立地方审判厅，由推事独立审理民刑案件，取代了实行数千年的行政官兼理司法案件的审判模式，是中国司法审判史上的一个重要转折点。京师地方审判厅分为民、刑两科，相当于现在的民事审判庭和刑事审判庭。中华民国成立后，北洋政府沿用清末审判机构，在京师则继续由地方审判厅负责审理案件。

大龙邮票：大龙邮票是中国第一套邮票，最早发行于咸丰7年（1878年）。大龙邮票以其独特的历史价值和艺术价值，成为中外集邮者竞相收藏的珍品。

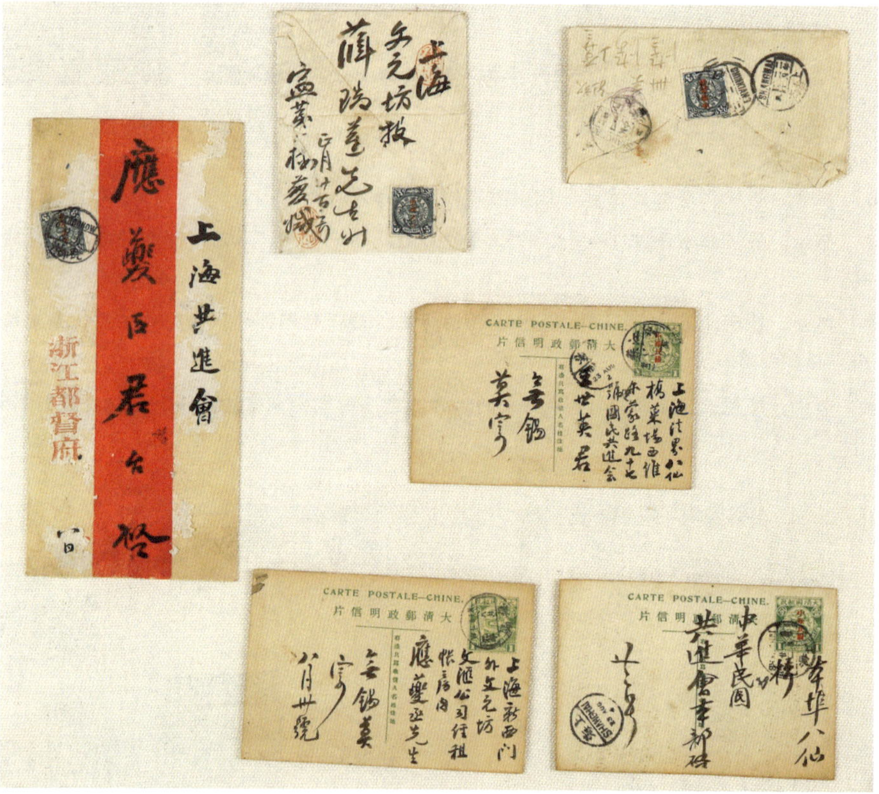

京师地方审判厅扣押的证据——贴有大龙邮票的明信片

2. 北平地方法院扣押的证据——代金券

北平地方法院扣押的证据——代金券

北平地方法院：北京地方法院由南京国民政府于 1928 年成立，设民事庭、刑事庭、民事执行处和登记处等机构。审判人员的管理由司法行政部负责，设有庭长、主任推事、推事、书记员、学习书记员等。

此代金券由山西太谷农工银行发行，每张面值 100 枚铜钱。

3. 北平市人民法院组织机构一览表

北平市人民法院：1949 年 1 月，北平解放，原国民党的司法机关被北平市军事管制委员会接管，3 月 18 日举行接管仪式，宣布成立北平市人民法院。9 月，北平市更名为北京市，北平市人民法院更名为北京市人民法院。

此为北平市人民法院制定的第一套组织规程。下设机构有：院长室、管理全院行

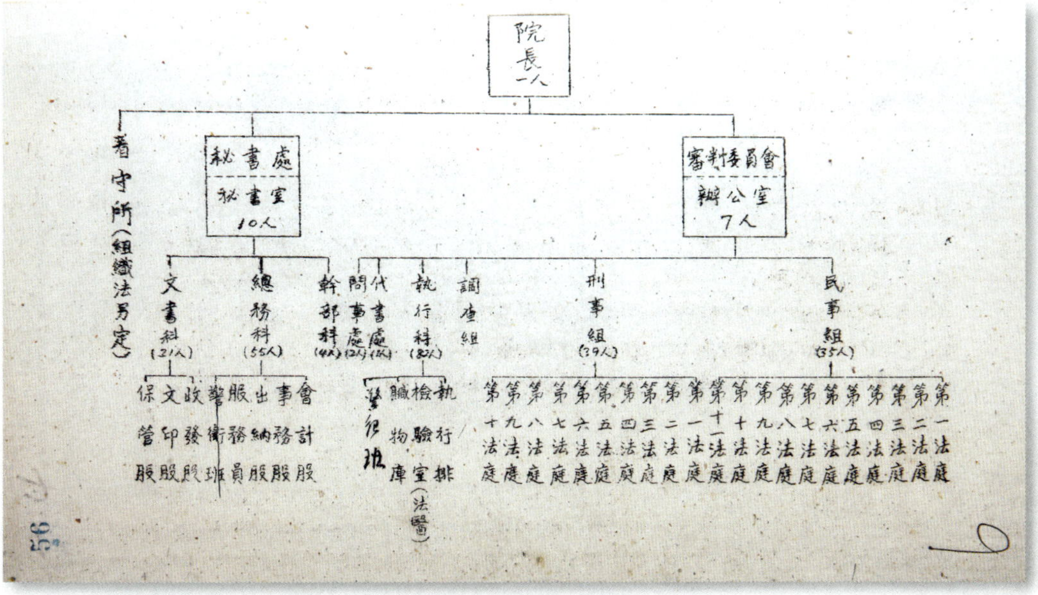

北平市人民法院组织机构一览表

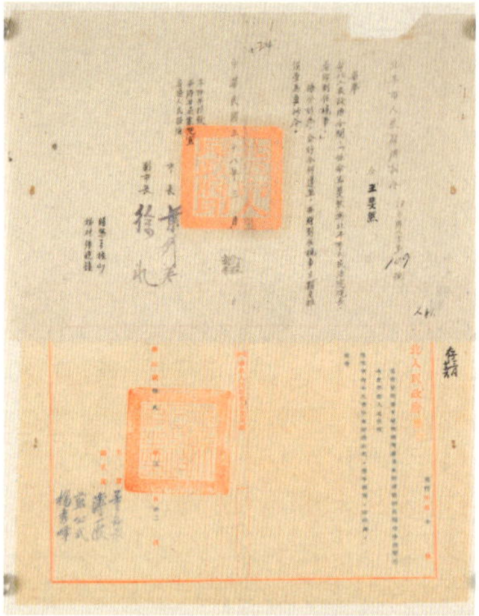

北平市人民政府
任命王斐然为院长的训令

政与审判事务；秘书室，协助院长处理行政与审判事务；审判委员会，主要负责民事与刑事审判的业务指导；刑事审判庭与民事审判庭。

4. 北平市人民政府任命王斐然为院长的训令

王斐然出生于1904年，河北阜平人。曾任中共阜平县财政科长、察南雁北办事处主任、晋察冀边区行政委员会司法处处长、高等法院院长、华北法院审判委员会副审判长等职。1949年3月至1958年8月，历任北平市人民法院院长、北京市人民法院院长、北京市高级人民法院院长。文革期间在北京档案馆工作，1979年当选为北京市人大常委会副主任，1985年离休，1994年去世。

中央人民政府
政務院
任命通知書
政字第3186號

茲經政務院第八十八次政務會議通過任命
賀生高為北京市人民法院副院長
特此通知
總理

一九五一年
八日

中央人民政府政務院印

周总理批准任命贺生高为北京市人民法院副院长的通知书

5. 周总理批准任命贺生高为北京市人民法院副院长的通知书

新中国成立之初，县市以上主要行政人员（包括人民法院主要负责人）由中央人民政府政务院任免或批准任免。

6. 乾隆年间的地契

地契：典押、买卖土地时双方订立的法律文据。作为见证我国土地权属变更的历史档案，地契真实地反映了不同历史时期的土地所有权制度、土地权属变更和土地管理制度，体现出社会、经济、政治、文化发展状况，承载了传统中国最为深刻厚重的历史。

这是北京法院院史展中最古老的一份文物，乾隆 57 年（1792 年）的文契，它是

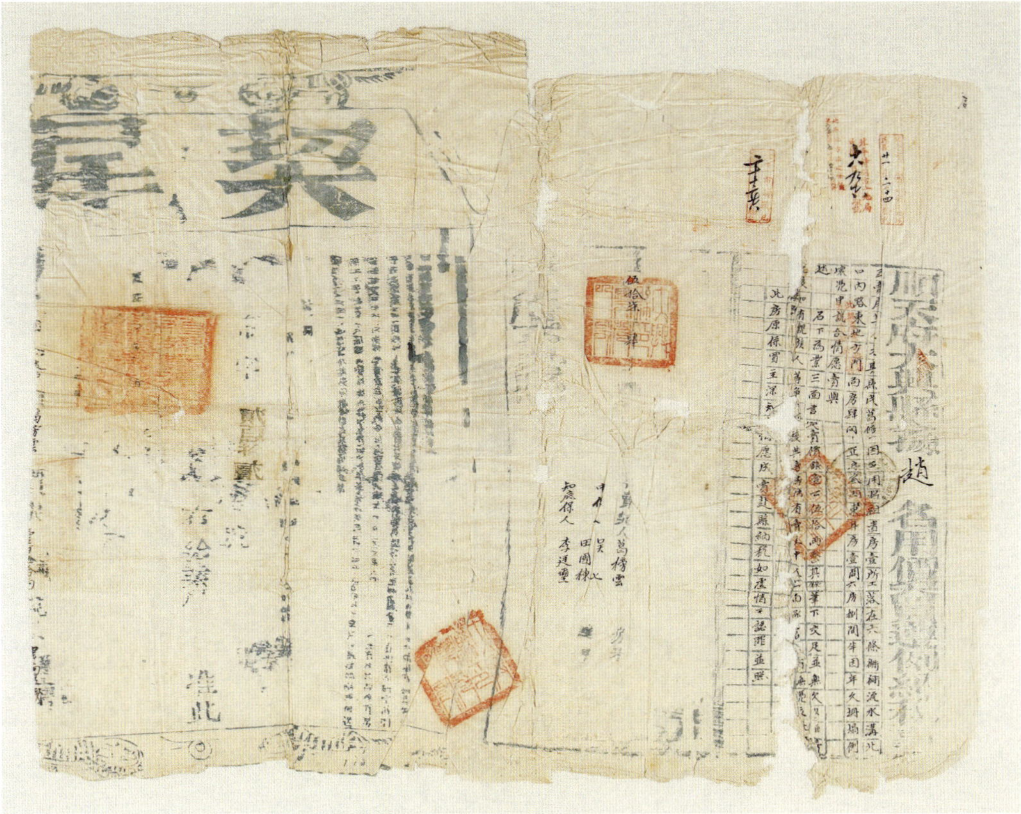

乾隆年间的地契

关子平逆产案中的证物。关子平，曾在山西任伪职。市人民法院于 1951 年以反革命罪没收其在京房产。

7. 军法处发布的 1 号公告

军法处：1949 年 6 月 15 日，北平市军事管制委员会军法处成立，由王斐然兼任处长。军法处由市人民法院刑事审判庭的部分审判人员和市公安局的部分工作人员组成，负责审判反革命及其他重大刑事案件，一经作出判决即发生法律效力。军法处于 1955 年 2 月撤销。

王玉杰汉奸特务案：王玉杰，人称“活阎王”。华北沦陷后，投靠日本侵略者，充任长辛店警务段警务、司法便衣警务员，残杀、逮捕、奴役工人和百姓数十名。日本投降后，投靠驻丰台国民党军队充当特务。布告中写明，“应群众要求处理死刑”，具有浓郁的时代特色。

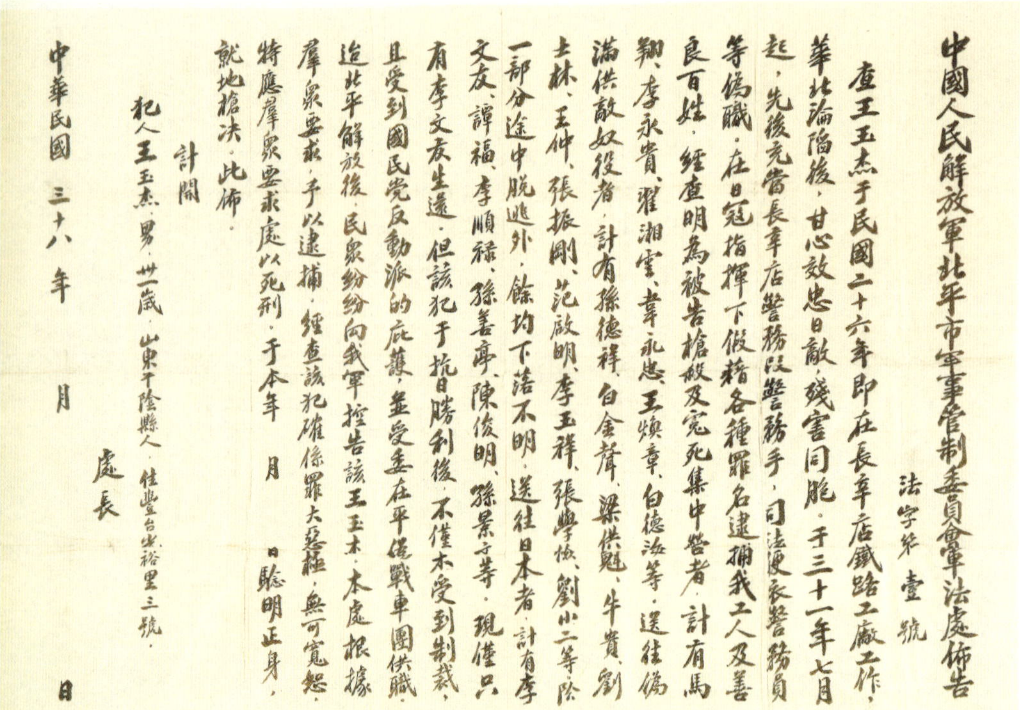
中國人民解放軍北平市軍事管制委員會軍法處佈告

法字第壹號

查王玉杰于民國二十六年即在長辛店鐵路工廠工作，華北淪陷後，甘心效忠日敵，殘害同胞，于三十一年七月起，先後充當長辛店警務段警務手，司法便衣警務員等偽職，在日寇指揮下假藉各種罪名逮捕我工人及善良百姓，經查明為被告槍殺及冤死集中營者，計有馬鞠、李永貴、翟湘雲、韋永忠、王煥章、白德海等，送往偽滿供敵奴役者，計有孫德祥、白金聲、梁供魁、牛貴、劉士林、王仲、張振剛、范啟明、李玉祥、張學儉、劉小二等，除一部分途中脫逃外，餘均下落不明，送往日本者，計有李文友、譚福、李順祿、孫善亭、陳俊明、孫景子等，現僅只有李文友生還，但該犯于抗日勝利後，不僅未受到制裁，且受到國民党反動派的庇護，並受委在平保戰車團供職，迨北平解放後，民衆紛紛向我軍控告該王玉杰，本處根據羣衆要求，予以逮捕，經查該犯確係罪大惡極，無可寬恕，特應羣衆要求處以死刑，于本年 月 日驗明正身，就地槍決，此佈。

計開

犯人王玉杰，男，卅一歲，山東平陰縣人，住豐台北裕里三號，

處長

中華民國三十八年 月 日

军法处发布的 1 号公告

8. 周总理亲笔修改的法律文书

此为周恩来总理亲笔修改的“阴谋炮击天安门案”的法律文书，共修改57处，增加167字，删除22字。新中国成立之初，美国特务李安东（意大利人）、山口隆一（日本人）等阴谋策划在1950年10月1日用迫击炮炮轰天安门，杀害中国领导人。1951年8月17日，北京市军事管制委员会军法处判处李安东、山口隆一死刑，并执行枪决。此案被称为“新中国第一大案”。

案件侦办过程中，公安部组织了专案组，时任北京市委书记彭真组织各机构人员办案，周恩来总理亲自审阅了裁判文书。

周总理亲笔修改的法律文书

9. 马锡五的亲笔信

1955年，最高法院副院长马锡五就刑事审判程序问题，向北京市高级人民法院法院王斐然院长、贺生高副院长致亲笔信，信中颇有前瞻性地提出：要加强院庭长办案，加强裁判文书说理，加强审委会对案件的研究，等等。

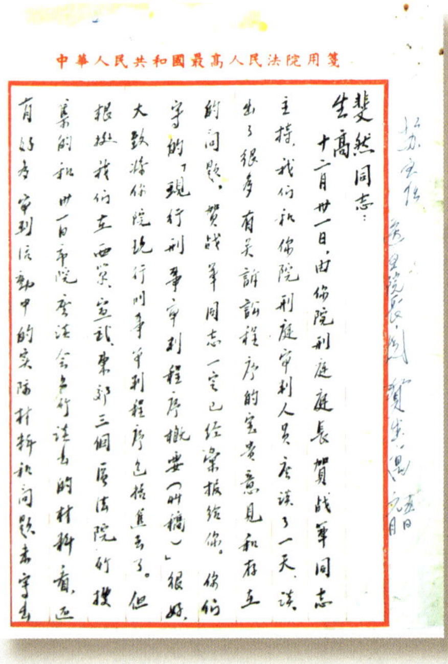

中華人民共和國最高人民法院用箋

斐然
生高同志：
十二月廿一日，由你院刑庭庭長賀戰軍同志
主持，我們和你院刑庭审判人员座谈了一天，谈
出了很多有关訴訟程序的宝贵意見和存在
的問題。贺战軍同志一定已经彙报给你。你们
写的「現行刑事审判程序概要（初稿）」很好，
大致將你院現行刑事审判程序包括進去了。但
根據我们在西安、武漢、東郛三個區法院所搜
集的和北京市院座谈会上所谈出的材料看，还
有好多审判活動中的实際材料和問題未写出

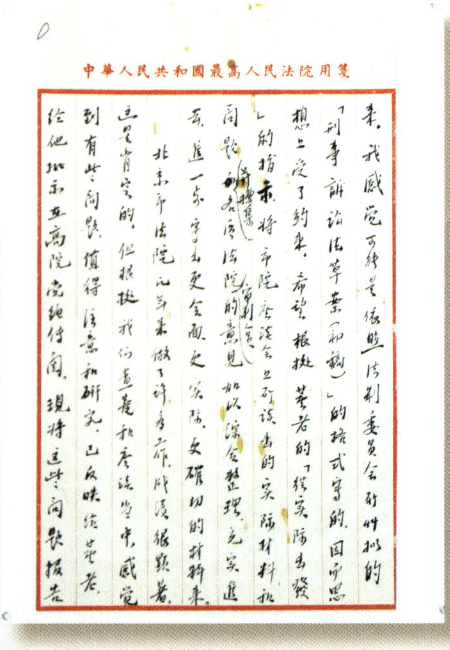

中華人民共和國最高人民法院用箋

來。我們覺得可能是依照法制委员会所草拟的
「刑事訴訟法草案（初稿）」的格式寫的，因而思
想上受了约束，未能根據着若干的「從实際出發」
的指示，將市院座谈会上所談出的实際材料和
問題，将你院的意見加以深入整理，充实進
去，進一步寫出更全面、更实際、更確切的材料來。
北京市法院近年来做了許多工作，成績很顯著，
这是肯定的。但根據我们直覺和座谈当中感覺
到有些問題值得注意和研究，已反映给董老，
给他批示至高院党組傳閱，現將这些問題报告

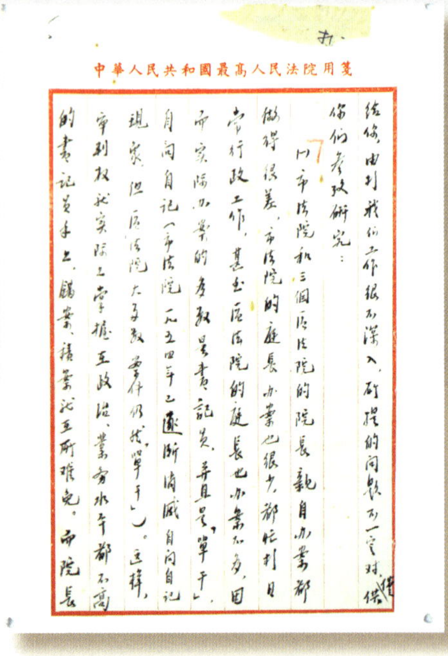

中華人民共和國最高人民法院用箋

给你，由于我们工作很不深入，所提的問題不一定对，供
你们参考研究：
(1)市法院和三個區法院的院長亲自办案都
做得很差，市法院的庭長办案也很少，都忙于日
常行政工作，甚至区法院的庭長也办案不多，因
而实際办案的多数是審判员，并且是"單干"，
自问自記（市法院一九五四年已逐漸消灭自问自記
現象，但區法院大多数案件仍然"單干"）。这样，
审判权就实際上掌握在政法、審判水平都不高
的書記员手上，錯案、積案就在所难免。而院長

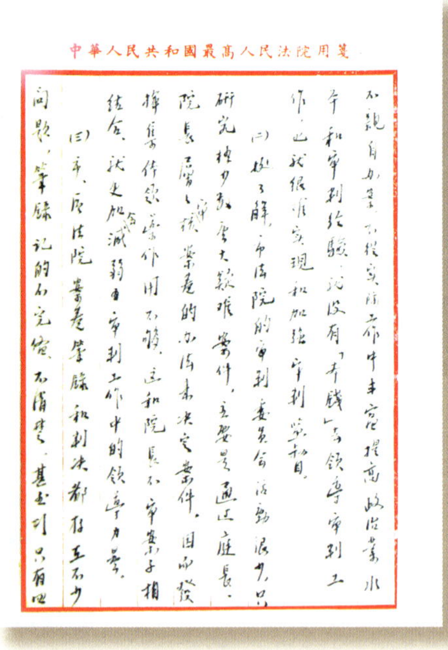

中華人民共和國最高人民法院用箋

不親自办案，不接觸实际工作中未完提高政治業水
平和审判经驗，就没有「干钱」来领导审判工
作，也就很难发现和加強审判监督。
(二)据了解，市法院的审判委员会活動很少，只
研究極少数重大疑难案件，主要是通过庭長、
院長層層核案来解决案件。因而發
揮集体智慧作用不够，这和院長不審案子相
结合，就更加减弱了審判工作中的领导力量。
(三)市、区法院普遍是笔錄和判决都存在不少
問題，笔錄记的不完整、不清楚，甚至只有四

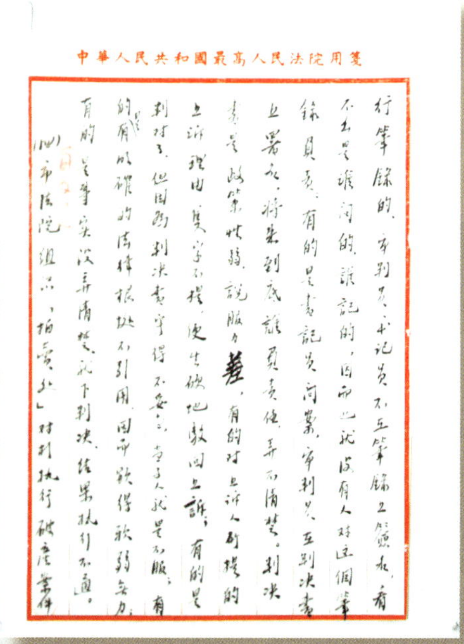
中華人民共和國最高人民法院用箋

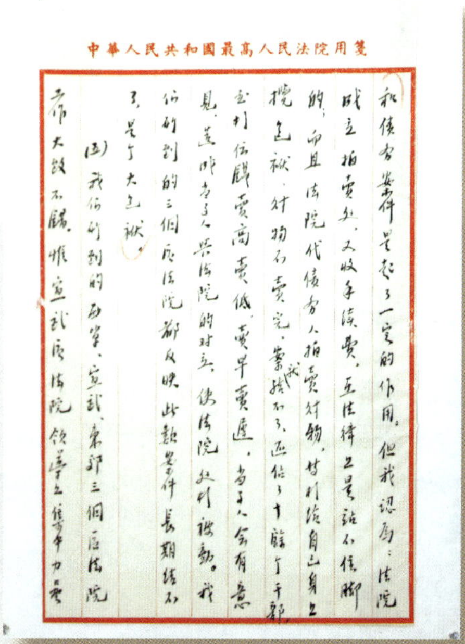
中華人民共和國最高人民法院用箋

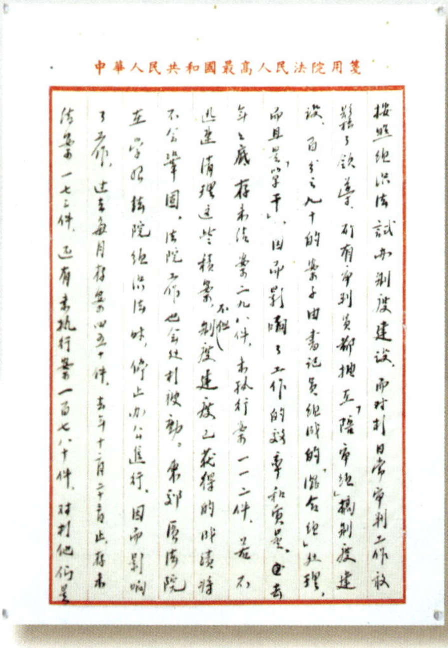
中華人民共和國最高人民法院用箋

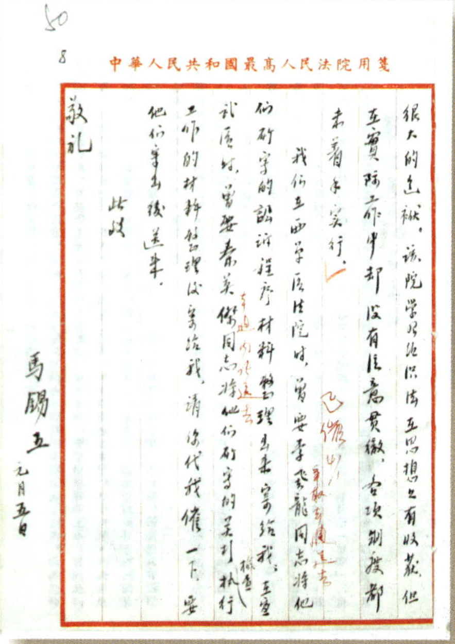
中華人民共和國最高人民法院用箋
敬禮
馬錫五
九月五日

第三部分　案例精选

北京法院地处首都，具有特殊的区位特征，大要案多，新类型案件多，疑难复杂案件多。北京法院的法官们在68年的发展历程中，牢固树立首都意识，坚持首善标准，在法无明文规定、案无先例时，勇于担当，审慎前瞻，成功审理了一大批具有开创示范意义和广泛社会影响的“首例”案件。它们为同类案件的审理提供了样本，推动了相关立法和司法解释的出台，同时，也有力展示了中国司法的文明和进步，向世界传递了中国法治的声音。

1. 李万铭政治诈骗案

本案是一起全国轰动一时的招摇撞骗案件，被媒体称为“新中国政治诈骗第一案”。

李万铭于1946年至1955年间，通过伪造印章、档案履历、介绍信等方法，骗取了大学入学资格、荣誉奖章、干部任命等。1956年8月30日，北京市中级人民法院经审理，认为李万铭严重危害管理秩序，判处有期徒刑十五年，剥夺政治权利五年。该案被老舍改编成话剧《西望长安》。

被告人李万铭

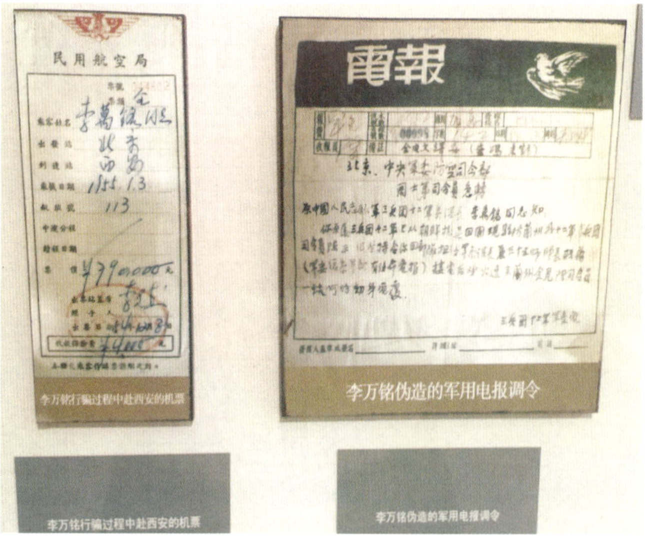

李万铭伪造的电报及骗取的飞机票

2. 首例消费领域名誉权侵害案

中国青年报

CHINA YOUTH DAILY

1992年5月18日 星期一 农历壬申年四月十六 第6953期 （代号1—9）

在没有证据的情况下，两位姑娘被北京惠康超级市场实施检查行为，由此引发了一场尚属中国首例的诉讼官司。这两位姑娘说——

我们要公民的尊严

孙玉琢 本报记者 刘江波

《中国青年报》对首例消费领域名誉权侵害案

王颖、倪培璐诉中国国际贸易中心侵害名誉权纠纷案。在当时消费领域名誉侵权无明文规定的情况下，法官参照《中华人民共和国民法通则》有关侵权责任的规定，对双方进行调解。最终，国贸中心向王颖、倪培璐赔礼道歉并各给付 1000 元精神损失补偿，王颖、倪培璐的合法权益得到维护。该案被选录进《中华人民共和国最高人民法院公报》，并直接促成 1993 年《中华人民共和国消费者权益保护法》中“消费者人格尊严受法律保护”条文的制定。

法官说法

杨承启：当时《中华人民共和国消费者权益保护法》等法律法规尚未出台，普通消费者保护自身合法权益的意识不强，往往通过茶余饭后发发牢骚等方式排解，将侵权人告上法院的意识仍然很淡薄。作为普通消费者，名誉权受侵害起诉到法院，这还是头一例。从某种意义上来说，这个案子对出台保护消费者合法权益的法律起到了推动作用，具有较大、较深远的社会影响和法律效果。

事故发生前贾国宇与家人的合影

3. 卡式炉爆炸赔偿案

首例在人身损害赔偿中对精神损害给予赔偿的案件。贾某某诉北京国际气雾剂有限公司、龙口市厨房配套设备用具厂、北京市海淀区春海餐厅人身损害赔偿案。

1995年，17岁少女贾某某吃火锅时，卡式炉燃气罐因质量不合格突然爆炸，导致贾某某面部及双手严重烧伤。贾某某起诉要求精神损害赔偿金高达100万元。当时关于人身损害赔偿的法律规定中没有精神损害赔偿的相关规定，海淀法院着眼实际、突破常规，以《中华人民共和国消费者权益保护法》为依据，判决支持了贾某某“残疾赔偿金”10万元。1997年02期《最高人民法院公报》对该案予以肯定，2001年3月8日《最高人民法院关于确定民事侵权精神损害赔偿责任若干问题的解释》出台。

法官说法

陈继平：在案件开庭过程中，我感觉到了压力，这种压力一方面来自法律，精神损害赔偿于法无据；另一方面，法官也是人，看到年轻女孩被毁容，可以想象她所遭受的精神损害难以平抑。我们当时研究了《中华人民共和国消费者权益保护法》里面所有的规定，对比了《中华人民共和国民法通则》，找到了残疾赔偿金的概念，我把精神损害赔偿注入到了这里。回忆当年的情景，我只是做了应该做的事情，即使不是我主审，法律的人文精神进程依然会前进。

4.《乌苏里船歌》著作权纠纷案

首例涉及民间文学艺术作品保护的著作权侵权案件。该案推动了民间文学艺术作品保护的立法进程。

黑龙江省饶河县四排赫哲族乡人民政府诉郭颂等侵犯民间文学艺术作品著作权纠纷案。歌唱家郭颂在赫哲族民歌曲调《想情郎》等的基础上编曲或改编完成音乐作品《乌苏里船歌》，署名“作曲：汪云才、郭颂”。北京市二中院判决郭颂等以任何方式使用《乌苏里船歌》时，应当注明“根据赫哲族民间曲调改编”。该案确立的以下规则具有开创和示范意义：民间文学艺术作品著作权由产生、传承该作品的特定区域民族群体共同享有；对民间文学艺术作品进行改编等再度创作，无需经过许可、支付费用，但需标注创作和传承该民间文学艺术作品民族群体名称。

法官说法

王范武：这件“首例”案件不仅无先例可循，而且也无法律规范可依。我国虽已经建立了著作权保护法律体系，但在民间文学艺术的保护方面还是空白，因为对民间文学艺术的保护与现代著作权保护有着完全不同的理念和规则，甚至不具备现代著作

赫哲族人民代表为法官送来锦旗

权法规定的最基本要件——有明确特定的著作权人。此案的意义在于既保护了传统文化，又规范合理利用传统文化，案件的审理直接推动了我国开展“民间艺术立法保护”的工作。

5. 田某诉北京科技大学拒绝颁发毕业证、学位证案

首例大学生因受高校退学处理产生的教育行政纠纷案件，最高法院指导案例，中国行政法学界的“里程碑”案件。

1996 年 2 月 29 日，北京科技大学二年级学生田某在考试中作弊，校方于 3 月 5 日对田某作出退学处理决定，但田某一直以在校生的身份学习，并完成了本科课程学习。1998 年，田某临近毕业，校方拒绝发放毕业证、学位证，田某将校方告上了法庭。法院审理认为，校方对田某作出退学决定所依据的该校通知文件，与教育部《普通高等学校学生管理规定》中的法定退学条件抵触，故退学处理决定违法。校方作出

的退学决定未向田某送达、宣布，准予田某继续学习，可视为校方改变了退学决定。法院判决校方于判决生效后30日内发放毕业证，在判决生效之日起60日内召集本校的学位评定委员会对原告田永的学士学位资格进行审核。

该案树立了以下法律规则：1.高等学校可以成为行政诉讼的适格被告；2.人民法院对高校校纪、校规具有司法审查权限；3.高校教育行政管理应当遵循正当程序、信赖保护原则；4.司法审查应尊重高等学校教育自主权和学术自治。该案对规范教育领域乃至其他法律法规授权组织的管理活动具有积极作用和现实意义

法官说法

饶亚东：在法无明文规定的情况下，驱使我寻找答案的是法官心中养成的朴素的程序正义理念，这时候我才开始接触正当程序理论。经过查阅行政法专业书籍、多方求教论证和请教学者，终于在程序正义方面寻找到了解决难题的切入点，于是在行政相对人的权利救济方面，我在判决书中大胆论述了应当保护当事人的申辩权，坚定地指出被告没有听取当事人的申辩，这样的行政管理行为不合法。这个案子在1999年入选最高法院公报案例，2014年又被最高人民法院确定为指导案例，作为同类案件的示范加以遵守。从此，正当程序原则的运用被正式得到了肯定。

6.狼牙山五壮士案

葛长生、宋福保分别诉洪振快侵害名誉权、荣誉权案。通过该案，人民法院逐步确立了司法裁判的范围：既不对学术问题作出司法裁判，也要对以学术研究为名侵害他人合法权益的行为作出制裁。

“狼牙山五壮士案”一审宣判现场

2013年，时任《炎黄春秋》杂志社执行主编的洪某某多次发表文章，诋毁“狼

牙山五壮士”的英雄事迹，“五壮士”两名幸存者葛某某、宋某甲的后人葛某某、宋某某遂将洪某某诉至西城法院，要求停止侵害、赔礼道歉。法院审理认为，洪某某的质疑缺乏事实依据，案涉文章否认“狼牙山五壮士”英勇抗敌的事实和舍生取义的精神，不仅对“狼牙山五壮士”的名誉和荣誉构成侵害，同时构成了对英雄人物的名誉、荣誉所融入的社会公共利益的侵害。法院判决被告停止侵害，并赔礼道歉。

法官说法

姜涛：通过该案件的审理，我们得到了以下启示：要审理好涉及侵害英雄人物、历史人物名誉、荣誉等人格权益的民事案件，主审法官不仅要有丰富的法律知识和办案经验，还应具备较强的政治素养；要从更为广阔的视野出发，不仅依法保护英雄人物的个人权益，更要强调判决彰显公共价值的功能。在认定历史事件和英雄行为时，需要认定的是基本事实，而不是细节争议，不应对学术研究所涉具体细节问题作出评判。在侵权事实的认定上，要做到透过现象看本质，即通过对案涉文章写作手法、根本目的、主要内容等的分析，作出是否构成名誉侵权的判断。

7. 包头空难案

首例集体空难案件，32 位遇难者家属诉中国东方航空股份有限公司等四被告航空运输人身损害赔偿纠纷案。

2004 年 11 月 21 日，中国东方航空股份有限公司的 MU210 航班，起飞后不久由于“积冰”，在内蒙古包头市附近坠落，造成 55 人遇难。部分遇难者家属曾将东方航空等公司起诉至美国加州高等法院，并在美国达成调解协议，后东航提出管辖异议，美国法院裁定不支持中国遇难者家属在美国诉讼，但承诺若中国法院不受理该案，将继续审理。2009 年，遇难者家属向北京二中院提起对中国东方航空股份有限公司等公司的诉讼，索赔高达 1.32 亿元赔偿。该案历时八年，经法院 100 余次谈话、开庭和调解，最终促成双方和解，有效维护了我国司法主权和遇难者家属的合法权益。

法官说法

左峰：审理空难案件，必须准确把握审理节奏，在摸清案情和理顺相关法律关系的前提下，制定出切实可行的审理方案。要密切关注当事人的动向，根据情况的变化随时调整审判节奏。在积极促成调解的同时，同步做好开庭和判决准备工作，最大限度提升工作效率。

8. 股权众筹第一案

首例股权众筹案。

飞度公司系运营“人人投”的股权众筹平台，诺米多公司为项目方，飞度公司与诺米多公司因股权众筹争议，诉至海淀法院，要求诺米多公司返还委托融资等费用，诺米多公司提出反请求，要求飞度公司返还出资款等。法官在相关法律法规缺乏的情况下，审慎、精准、适度地作出裁判，分别支持两公司的合法的诉讼请求，确立起当下关于众筹融资交易的法律适用规则，并就众筹融资交易的交易规则及相关监管规定不明确等问题，向中国证券监督管理委员会发出司法建议函，建议在制定有关规章制度时予以考量。该案确立了当时众筹融资交易的法律适用规则，有力促进了我国众筹行业的健康发展。

法官说法

殷华：要形成经典判例，必须全面驾驭裁判对象，必须完成必要的知识储备；既不能变相拒绝裁判，也不能盲目地无知无畏。为此，在本案中需要系统研究国内外众筹交易的起源、发展、交易类型、存在问题、学术争论、行业动态，特别是国内众筹交易在当下的法律定性、交易模式、监管方向、政策精神等，并努力把这些理论与实践、政策与法律互动的成果，通过裁判梳理，结合立法、行政、司法、行业等方面的审查焦点，连接成一条细细的红线，贯穿于裁判的始终，最终从鼓励创新的角度出发，形成明确的规则。

9. 首例人身安全保护裁定案

首例人身安全保护裁定案。

李金（KIM LEE LI）诉李阳同居纠纷、离婚纠纷案。该案被外媒称为“中国里程碑式的家暴案件”，对我国反家暴立法产生深远影响。

2012年，“疯狂英语”创始人李阳与其外籍妻子李金因同居纠纷、离婚纠纷，李金诉至朝阳法院。法院在判决准予离婚的同时，经反复推敲论证，最终确认李阳的行

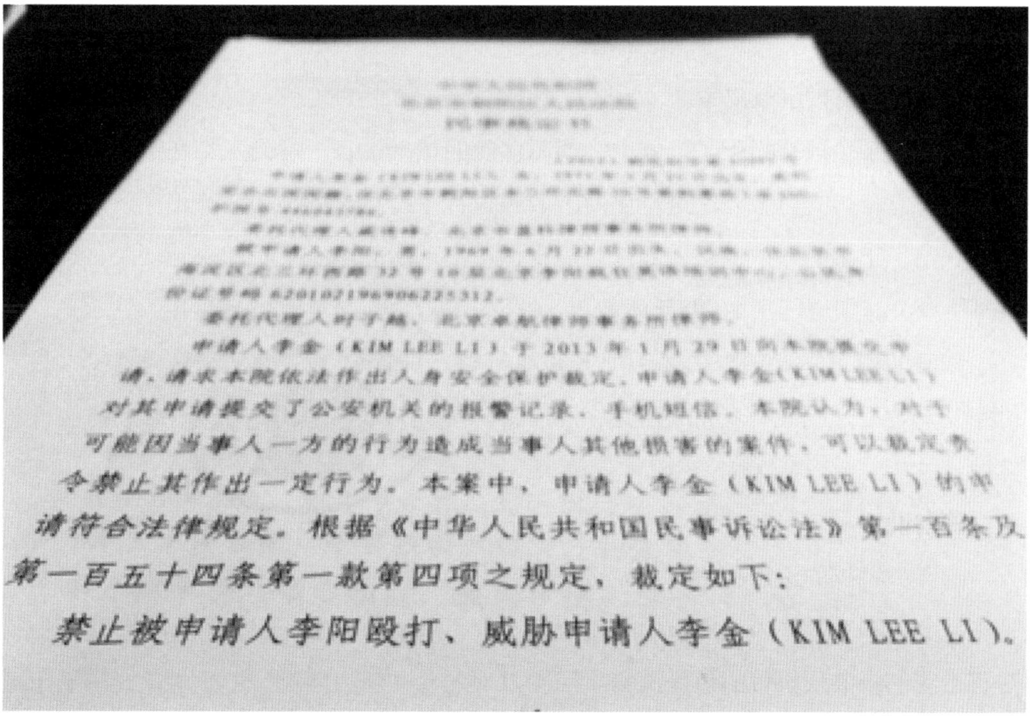

委托代理人刘子越，北京卓航律师事务所律师。
申请人李金（KIM LEE LI）于2013年1月29日向本院提出申
请，请求本院依法作出人身安全保护裁定。申请人李金（KIM LEE LI）
对其申请提交了公安机关的报警记录、手机短信。本院认为，对于
可能因当事人一方的行为造成当事人其他损害的案件，可以裁定责
令禁止其作出一定行为。本案中，申请人李金（KIM LEE LI）的申
请符合法律规定。根据《中华人民共和国民事诉讼法》第一百条及
第一百五十四条第一款第四项之规定，裁定如下：
禁止被申请人李阳殴打、威胁申请人李金（KIM LEE LI）。

朝阳区人民法院做出的第一个人身安全保护裁定

为构成家庭暴力，并作出了2013年民事诉讼法实施后北京市首例人身安全保护裁定，禁止李阳殴打、威胁李金。该媒体称该案“因法院尊重事实和法律且具有创新性的判决，成为涉及家庭暴力离婚案件的经典判例”。

法官说法

刘黎：虽然没有先例可循，但我们认为，对家庭暴力的事后惩处，远不及事前预防更为重要。当时的法律都是从事后惩处的角度对禁止家庭暴力行为。比如，婚姻法、妇女权益保护法都明文规定禁止家庭暴力。刑法、刑事诉讼法从刑事法律的角度，对故意伤害、虐待、遗弃等行为，规定了应当追究的刑事责任。新修订的民事诉讼法第100条规定了行为保全制度，为预防家庭暴力提供了法律依据，最大限度地避免家庭暴力的发生。

10. 首例执行支付宝账户案

首例执行支付宝账户案。

在刘某某申请执行王某一案中，朝阳法院的执行法官了解到王某在淘宝网上开有商店后，立即与支付宝公司进行协商，参照执行银行存款的相关法律程序，以裁定的方式冻结了王某的账户，暂停其网店的支付、提现功能。王某随即来到法院，经与刘某某协商，分期履行了20万元债务。

该案明确了支付宝账户属于个人可执行财产的性质，法院以此案为契机，与支付宝公司建立了协助冻结扣划的执行机制，开辟了以网络虚拟账户为对象的执行新领域。

法官说法

于洋：科技的进步和信息革命正在改变人们的生活方式，也让逃避执行的隐蔽性越来越高，本案就是当事人借此规避执行或者说逃避执行的一个典型案例。作为执行法官，我们应该从执行的角度洞察生活中出现的各种新兴事物，敢于尝试，善于用被执行人的思考方式去发现问题，敢于挑战惯性思维。

（北京市高级人民法院供稿）

域外司法

Extraterritorial Judicial Practices

中国法院博物館
CHINA COURT MUSEUM

英国苏格兰的法律体系

英国最高法院大法官　霍　奇

（The Rt.Hon.Lord Hodge, Justice of the UK Supreme Court）

编者按： 应最高人民法院邀请，英国最高法院院长廖柏嘉勋爵一行6人于2016年5月24日至27日访华。在京期间，最高人民法院院长周强与代表团进行了工作会谈并与廖柏嘉院长举行了单独会谈。双方共同参加了第三届中英司法圆桌会议并出席了英国司法周暨英国司法文化专题展的开幕式。5月26日，霍奇大法官就“苏格兰法律体系”在中国法院博物馆司法广场做讲座。

今天能在这座壮观的博物馆为各位介绍英国苏格兰的法律体系，我倍感荣幸。

虽然大不列颠及北爱尔兰联合王国是一个统一的国家，但自1707年联合王国建立以来就一直施行两套法律体系，即英格兰法律和苏格兰法律。1800年与爱尔兰

（当然后来仅限于北爱尔兰）结盟后，联合王国共拥有了四个国家，分别是英格兰、威尔士、苏格兰和北爱尔兰。其中英格兰、威尔士和北爱尔兰的法系均以英国普通法为基础，苏格兰则施行不同的法系。今天，我将介绍英国这种一国两法的制度。

为什么这么小的一座岛会有两套法律体系？答案要从历史中找寻。1707 年之前，苏格兰一直是一个独立王国，两国联盟是靠谈判而非征服得来的。与英格兰联盟的条款保留了这个小国独立的法律体系，排除了伦敦法院的管辖权。稍后我将简单谈一下联盟的条款。制定“联盟条约”的政客和后继者们并没有试图破坏苏格兰的独立身份，包括其法律体系。因此三百多年来联合王国一直施行着一国两法的制度。下面我将介绍现行苏格兰法律体系的特点。但是，要了解现在，必须先回顾过去。因此，我将先简单介绍一下苏格兰法律的发展历史。

历史

早期的苏格兰法律与英格兰、威尔士法律均有着诸多相似之处。社会建立在封建关系之上，土地的拥有和很多法院的管辖权都受封建法律的约束。在英格兰盛行的诺曼法语精英文化也影响了苏格兰的政治和经济。苏格兰的国王复制了在英格兰获得成功的政府和机构运作模式。因此，早期苏格兰与英格兰的法律条文很相似，两个王国早期的法律存在着密切的联系。

封建君主关系曾经与国家身份认同一样重要，甚至可能更重要。13 世纪末 14 世纪初英格兰国王凌驾于苏格兰国王之上的封建霸主地位激发了其企图控制苏格兰并将之纳入英格兰的版图的企图，从而引发了苏格兰独立战争。苏格兰国王罗伯特·布鲁斯（Robert Bruce）成功抵抗了这种企图，并促成 1320 年《阿布罗斯宣言》诞生。《宣言》中铿锵有力的文字也影响了美国的开国元勋们：《宣言》中说，苏格兰“不是为了荣耀，不是为了财富，也不是为了荣誉而战，而是为了自由 — 只是为了自由，唯有自由让人宁愿放弃生命也不愿失去”。

苏格兰和英格兰之间的战争从两方面影响了法律。一是，战争造成的破坏和经济上的困难阻碍了法律的发展。二是，苏格兰与英格兰当时的敌人法国结成了联盟。由于法国对苏格兰政府的影响，苏格兰的政府和法律实践都采纳了法国的一些做法。这也是苏格兰法律以罗马法或大陆法为基础的原因。当时，苏格兰有四所大学，而英格兰只有两所，也就是牛津和剑桥。但是，苏格兰的大学不教法律课程。因此，苏格兰的律师只能到奥尔良、布尔日和鲁汶这些法国大学去学习法律。16 世纪发生了宗教改革，北欧大部分国家通过否认天主教教皇的权威斩断了与天主教的联系。但法国仍然是天主教国家，因此，苏格兰的律师无法再去法国求学，无奈之下他们转向了荷兰，到乌德勒支和莱顿的大学学习法律。在 17 和 18 世纪，几名法学家，也被称作“制度学家”，创建了苏格兰法律的概念框架。其中最著名的法学家斯戴尔勋爵（Lord Stair）认为苏格兰法律是罗马法、封建法和习惯法混合的产物。时至今日，罗马法概念仍然支撑着苏格兰法律的几个领域，使之有别于英国普通法。

我们法律史上的一个重要事件是 1532 年苏格兰最高民事法院的创立，这所设在爱丁堡的最高法院一直存续至今。当时在那里诞生了一种新型的法律文献，由法律文摘和判决记录集锦组成，还有很多更详实的案件报告。通过以上这些成果，引入了普通法先例权威原则，推动了法律的发展。

后来的政治进程塑造了苏格兰的法律。1603 年，联合王国成立了新的大不列颠王国。苏格兰国王詹姆斯六世（James VI）成为了英格兰国王詹姆斯一世（James I）。他在伦敦和爱丁堡分别设立了政府（皇家理事会）和议会。两地仍然施行完全不同的法律体系。据说，詹姆斯六世曾说过，“我坐在这里（伦敦），用手中之笔管理苏格兰。”这位国王曾试图统一苏格兰和英格兰的法律，但无果而终，部分原因是英国的律师们担心大陆法涌入而反对统一。

直到 1707 年，苏格兰和英格兰才结成了议会联盟。联盟不是征服的结果，而是两国代表谈判签订条约形成的。现行的“一国两法”制度即是在这份条约中制定的。条约明确保护了苏格兰法律的独立性。条约第 19 条保留了苏格兰最高民事法院（Court of Session）和苏格兰法律行业，并宣布伦敦法院不得审理苏格兰案件。

条约对统一两国税法进行了构想。同时，大不列颠的新议会也被赋予了修改苏格兰私法的权力，但只有在“对苏格兰臣民明显有用”的情况下才能修改（第 18 条）。

虽然禁止在伦敦审理苏格兰案件，但仍可向新议会提起上诉。在签订《联合条约》之前，苏格兰议会仅仅偶尔行使司法权力，而在英格兰，上议院经常充当英格兰法院的上诉法院。联盟之后，苏格兰公民开始到新的英国议会针对民事案件提起上诉，这增强了英格兰法律对苏格兰法律的影响力，因为很多案件都是在英格兰法官面前依据英格兰法律进行辩论的。直到 19 世纪时，才正式规定上议院应纳入苏格兰法律认可的法官。与民事案件形成鲜明对比的是，刑事案件不会上诉到上议院，爱丁堡的法院仍然是刑事上诉案的终审法院。在民事案件方面，允许向英国最高法院提起上诉后，高等民事法院即不再是终审法院。

多年来，各种因素共同促进了苏格兰法律和英格兰法律之间一定程度上的统一。英国议会既没有时间，也没有程序安排来修改和更新苏格兰法律。很多立法都是从英格兰法律的角度来起草。还有一个因素是，苏格兰的辖区较小，法院能产出的判例法也较少，所以后来的权威法律作家，譬如休谟（Hume）和贝尔（Bell），都依靠英格兰判例法来填补空白。

第三个因素是 18 世纪的一个人的影响，这个人就是曼斯菲尔德勋爵（Lord Mansfield）。他是苏格兰人，后来成为杰出的英格兰法官并制定了英格兰的商法。今天的法庭仍然会引用他的判决。在制定有助于商业运行的实用规则时，他充分利用了自己对大陆（罗马）法的理解。这让两种法律体系更加接近了。

第四个因素是在工业革命过程中发生的，即英国议会在 19 世纪和 20 世纪初颁布了商法典。这些法典建立了适用于公司、货物销售、汇票、支票、银行、保险和海事法的基本规则。这些法典的最新版如今仍然有效。

最新发展

到了 20 世纪，英国出现了分权倾向。一战前的自由党政府希望在整个英国推行各地“自治”。但由于一战的爆发，这一举措未能实施下去。之后，爱尔兰独立、30 年代法西斯主义的威胁和二战进一步推迟了这些改革。尽管如此，仍是实现了行政分权，据此很多行政职能都是在爱丁堡履行，而非在伦敦。但是，到了 20 世纪后期对分权的需求再次出现后，1998 年苏格兰议会和得到授权的政府成立了。下放给这些新机构的权力中一开始并不包括重要的征税权。不过在 2012 年和今年（？年）苏格兰政府的权力均得到了强化，拥有了重要的征税权。

苏格兰议会还有权发展和完善苏格兰法律。我认为，在全球化程度越来越高的经济环境下，普通法尤其是英国法律拥有非常大的影响力，所以苏格兰法律避免在商业事务上特立独行，才是明智之举。不过可以在生活中很多其他领域实行独特的解决方案。

现行法律结构

那么英国一国两法的现状如何?

苏格兰法律中有些领域与英格兰法律截然不同。我们的财产法以罗马法为基础，破产法（与财产法密切相关）同样也具有独特性。我们的家事法、死亡继承法、部分的债权法，包括不当得利法，以及我们的法院程序规则和证据规则都是独特的。苏格兰法律不像英格兰法律拥有独立的法律和衡平规则，而是更接近于罗马法。我在海峡群岛（泽西和根西）的上诉法院任兼职法官时，就对他们的财产条例与我们的相似程度感到惊讶，他们的财产条例和苏格兰法律一样都是以罗马法为基础。

苏格兰法律是混合型法律体系：部分是罗马法，部分是普通法。在这方面比较像南非、美国的路易斯安那、加拿大的魁北克、斯里兰卡和以色列。比如说，信托法就不是罗马法系的传统内容。在苏格兰法律中，信托法这个领域就适用英格兰法律中的部分衡平规则。因此，苏格兰法律中的受托人职责类似于英格兰法律中的受托人职责。同样地，两个辖区的受信人的义务，譬如代理人或公司董事，在很大程度上是相同的。

苏格兰的合同法与英格兰法律非常相似，但我们没有对价原则，而且苏格兰普通法认可第三方对合同诉讼权，这比英格兰法律通过法律条款引入该权利的时间要早得多。

关于不当行为法（或侵权法），两个辖区的过失行为法大致相同。近 100 年来的几起著名的苏格兰案件，包括我们在最高人民法院博物馆介绍的多诺霍诉史蒂文森案（Donoghue v Stevenson），影响了整个英国和各国的过失行为法律。

公司法、银行法、金融服务法、数据保护法、公用设施监管法等的立法制度在整个英国基本相同。

用法治原则限制公共机构的公共法或行政法在很大程度上属于法官造法。在英国各个辖区，虽然法院程序有所不同，但都有基本相同的救济措施。

虽然苏格兰拥有单独的刑法，但对大多数罪行的定义相较英格兰法律并无太大差别。刑事证据和程序的规则则是不一样的。

现行的法院系统结构

位于苏格兰首都爱丁堡的最高民事法院由 34 名法官组成，这所法院既是苏格兰的高等民事法院（senior civil court），又是苏格兰的高等刑事法院或称最高刑事法院（the senior criminal court or the High Court of Justiciary）。在地方上设有六个司法区（司法辖区），在这些区域内共有 49 个郡法院。

位于伦敦的英国最高法院由 12 名大法官组成，其中 9 人来自英格兰，2 人来自苏格兰，1 人来自北爱尔兰。要想向最高法院提起上诉，必须向大法官证明上诉案件提出了一个具有公共重要性的法律论点。

正如我前面所说，由于英国最高法院取代了上议院，苏格兰法院的民事案件可被上诉至最高法院。但是不可以针对刑事案件到伦敦提出上诉。但高等刑事法院就是苏格兰刑法终审法院。位于伦敦的英国最高法院对苏格兰刑事审判只拥有有限的人权管辖权。只有在认为苏格兰主管机关的行为不符合人权特别是公平审判权时，英国最高法院才拥有人权管辖权。

英国最高法院审理的很多苏格兰案件都涉及公共法或是对法规的解释，不会产生需要苏格兰普通法专业知识才能解决的问题。在少量只依据苏格兰普通法的案件中，惯常做法是在做出上诉判决时，英格兰法官非常重视苏格兰法官的意见。最高法院在确保和而不同上发挥着重要作用。

国际层面

（i）欧盟

要更好地描述苏格兰法律体系，就必须走出英国范围内。英国的所有管辖区都必须纳入国际法律规范。英国作为欧盟成员国承认欧洲法院对欧洲条约拥有最终解释权，承认欧盟法律高于国内法律。伦敦和被授权的苏格兰议会颁布的很多法律都在落实欧盟的立法指令。因此，这些法律的内容大致相同。在欧盟建立单一市场的举措正使得成员国法律更加协调一致。

（ii）欧洲人权公约（"ECHR"）

英国将《公约》所载的权利纳入了国内法律，同时又保留了英国议会的主权。法院不能推翻国会的立法，只能发布声明表示某种措施不符合人权，由议会决定如何处理这种不符合问题。

相比之下，根据《苏格兰法案》，如果苏格兰权力机构（包括议会在内）颁布的法令不符合人权，那么作为法律即是无效的。通过这种方式，英国可以阻止被授权的议会和行政机构将英国置于违反《公约》中的国际条约义务的境地。

（iii）国际法

在苏格兰法律体系中，还有一层法律规范是英国签订的条约中规定的国际法义务，譬如《难民公约》。

因此，在全球化世界中，一个国家的法律体系需要纳入多层次法律规范。

未来的方向如何

没人可以预见未来，但我们可以探测出某些趋势。英国的放权举措促使人们呼吁在英国的四部分内部实施更为连贯、原则性更强的权力下放。对威尔士的放权逐渐增强，久而久之可能会产生独特的威尔士法律体系。最近，在上周公布的立法计划中，英国政府宣布将提出一项新提案，那就是《英国权利法案》，补充英国在《欧洲人权公约》下的国际承诺。

总结

一国两法已经成功实行了300多年，既促进了公共法和商法体系的协调发展，又使人们能够保留独特的身份认同和法律体系。这种随政治压力变化而变化的安排是为了解决一国内法律和社会传统多样性的问题。

后 记

2008年2月29日，中国法院博物馆在最高人民法院机关西院4号楼挂牌。馆内600平米的展厅里，是中国法院博物馆筹备处精心布置的司法史料预展，1500余幅图片展示了中国4000余年的审判历史。挂牌后的中国法院博物馆因为地处机关西院，少有人知，通常只接待法院系统内部的参观学习。

2014年6月，最高人民法院决定将中国法院博物馆建设成一座有史有物、传统展示方式与信息化展示相结合，能够面向社会公众开放的名副其实的博物馆，真正实现博物馆展示传统法制文明、宣传法院审判成就、弘扬社会主义法治理念、提升公民法治素养的各项功能。

经过反复考察和协商沟通，博物馆新址确定为正义路4号这座已历百年风雨的历史建筑。竣工于1910年的正义路4号是国家重点文物保护单位，廊柱间的红砖清水墙尽显荷兰风情，是东交民巷临街地标建筑之一。在这样一座历经沧桑的历史建筑里建设中国法院博物馆，既有历史感，又契合了国家鼓励利用历史建筑建设博物馆等文化场馆的文物保护政策。经过18个月的紧张筹备、设计与建设，中国法院博物馆新馆于2016年1月6日正式开馆，向社会免费开放。

传承中华司法文化、弘扬法治精神，积极开展审判史及文物、历史档案的研究开发工作，把中国法院博物馆建设成为人民司法研究基地，为中国乃至世界司法的发展提供有益的文化交流平台，这是最高人民法院周强院长对中国法院博物馆提出的明确要求，也是中国法院博物馆馆刊的目标定位。

2018年新春伊始，《中国法院博物馆》馆刊正式推出第一集，这意味着博物馆利用馆藏资源开展审判史研究的工作正式启程。馆刊立足于博物馆藏品信息化工作的推进，积极开展文物、史料、古籍文献的整理与研究，梳理重大司法事件的来龙去脉，研究历代法治人物、思想及著名案例，密切关注文博领域热点、前沿问题，探索中国法院博物馆科学、长远发展的实现路径。同时，我们还关注全国法院文化建设的最新成果，拓宽中外司法文化交流范围与渠道，积极为人民司法事业科学发展提供有益参考与借鉴。博物馆的同志们一定不忘初心、牢记使命，努力提升办刊质量，提高馆刊的学术水平，努力为法治中国的建设贡献我们的绵薄之力。

编辑部

于二零一八年初春

《中国法院博物馆》征稿启事

《中国法院博物馆》(半年刊)是由最高人民法院办公厅博物馆主办，面向国内外公开发行的文史类刊物。《中国法院博物馆》立足于搜集整理和研究古今审判领域的历史档案、文献资料，推进中国审判史研究，与国内外博物馆交流司法文化研究成果，传承中华司法文化、弘扬法治精神。本刊现面向社会各界征集稿件。主要栏目如下：

1. 藏品精选 —— 司法类文物、史料介绍及研究；

2. 展厅故事 —— 结合展厅文物介绍相关法律制度、历史文化及相关的故事，揭示相关制度、文化、故事所蕴涵的内在价值；

3. 学术探讨 —— 对专项课题的理论研究与讨论；

4. 档案寻真 —— 重大历史档案资料的整理及研究解读；

5. 地方馆精选 —— 介绍地方法院优秀文化场馆精品内容；

6. 法治人物 —— 介绍古今中外对法治发展有影响的人物；

7. 名案解读 —— 从博物馆的角度研究、介绍古今中外的重大案件；

8. 专题展览 —— 选取博物馆特色展览推介宣传；

9. 域外司法 —— 介绍国外司法类文物、博物馆、司法文化等。

《中国法院博物馆》栏目征稿体裁不限，请附相关图片(电子图片像素应在10M以上)，字数篇幅在1万字以内，稿酬执行国家稿酬标准。所有投稿应符合国家著作权规定、公认学术规范的要求。

三、联系方式：

联系电话：010-67557832；67557821

传　　真：010-67557822

电子邮箱：zgfybwg@163.com

通讯地址：北京市东城区东交民巷27号中国法院博物馆(收)

邮政编码：100745

中国法院博物馆

二零一八年 二月

图书在版编目（CIP）数据

中国法院博物馆．总第 1 集 / 中国法院博物馆编．-- 北京：人民法院出版社，2018.3
ISBN 978-7-5109-2082-0

Ⅰ．①中… Ⅱ．①中… Ⅲ．①法院 – 博物馆 – 介绍 –
中国 Ⅳ．① D926.2-28

中国版本图书馆 CIP 数据核字 (2018) 第 040671 号

中国法院博物馆·总第 1 集
中国法院博物馆　编

责任编辑 / 韦钦平　　　　执行编辑 / 吕　莹
出版发行　人民法院出版社
地　　址　北京市东城区东交民巷 27 号（100745）
电　　话　（010）67550586（责任编辑）　67550558（发行部查询）
　　　　　65223677（读者服务部）
客 服 QQ　2092078039
网　　址　http://www. courtbook. com. cn
E – mail　courtpress@ sohu . com
印　　刷　北京瑞禾彩色印刷有限公司
经　　销　新华书店

开　　本　787×1092 毫米　1/16
字　　数　210 千字
印　　张　14.25
版　　次　2018 年 3 月第 1 版　2018 年 3 月第 1 次印刷
书　　号　ISBN 978-7-5109-2082-0
定　　价　49.00 元